Inhaltsverzeichnis

BVK LW20 · Eva-Maria Schmidt: Lernwerkstatt „Das Alte Ägypten"

Vorbemerkungen

Liebe Kollegin, lieber Kollege,

Lernwerkstätten haben in unserer Unterrichtspraxis inzwischen einen festen Platz. Das vorliegende Heft soll Ihnen eine Hilfe sein, das Thema „Das Alte Ägypten" in Ihrem Unterricht als Lernwerkstatt mit einem fächerübergreifenden Lernangebot umzusetzen. Die Aufgabenstellungen sind so formuliert, dass die Kinder selbstständig arbeiten können. Die Reihenfolge der Arbeitsangebote ist beliebig. Die Sozialform kann von den Kindern selbst bestimmt werden; wenn nichts anderes angegeben ist, können die Kinder eine Aufgabe allein bearbeiten oder mit einem oder mehreren Mitschülern gemeinsam. Wichtig ist, dass jedes Kind sein individuelles Arbeitstempo bestimmen kann. So bietet diese Unterrichtskonzeption den Kindern Freiräume und Chancen zum selbstständigen, eigenverantwortlichen Lernen.

Das „Chefprinzip" im Werkstattunterricht:
Für jeden Werkbereich ist ein „Chef" verantwortlich. Er ist Berater für seine Mitschüler bei der Durchführung des Werkbereichs, bei Fragen und Problemen. Der Chef sichtet die fertig gestellten Arbeiten und quittiert sie auf dem Werkstattpass seiner Mitschüler. Um die Kinder in ihren Chefrollen nicht zu überlasten, liegen Selbstkontrollblätter aus (siehe Tipps zur Organisation).
Wenn die Anzahl der Werkbereiche mit der der Kinder nicht übereinstimmt, können auch mehrere Kinder für einen Bereich als Chef eingesetzt werden bzw. einige Kinder können zwei Bereiche übernehmen.

Einsatzmöglichkeiten der Lernwerkstatt „Das Alte Ägypten":
Die vorliegende Lernwerkstatt ist für einen Zeitraum von ca. drei Wochen bei einer täglichen Unterrichtszeit von einer Stunde ausgelegt. Maßgeblich für den Zeitraum sind jedoch die individuellen Voraussetzungen der Lerngruppe. Diese Lernwerkstatt ist konzipiert für den Einsatz ab dem 3. Schuljahr.

Ich wünsche Ihnen bei der Durchführung dieser Werkstatt viel Spaß und Erfolg!

Eva-Maria Schmidt

Tipps zur Organisation der Lernwerkstatt

Anordnung der Materialien:
Alle Materialien sollen für die Kinder gut zugänglich auf Regalen, Tischen oder Fensterbänken aufgebaut werden. Es empfiehlt sich, ein Ablagefach für jeden Werkbereich einzurichten. Dieses Fach wird mit der Nummer des Werkbereichs und dem Namen des „Chefs“ versehen. In jedem Ablagefach befinden sich alle Materialien, die zur Bearbeitung des Werkbereichs nötig sind (Arbeitsblätter, Kontrollblätter, Bastelmaterialien u. Ä.). Die Aufgabenkarten liegen ebenfalls im Fach oder werden über dem jeweiligen Fach an die Wand, Wandtafel oder ans Fenster geheftet.

Verteilung der „Chefämter“:
Bei der Zuordnung der Chefämter zu den Werkbereichen muss grundsätzlich überlegt werden, inwieweit die individuellen Interessen der Kinder mit ihren Leistungs-, Berater- und Kontrollfähigkeiten zu vereinbaren sind. Es ist wünschenswert, dass der „Chef“ den Anforderungen seiner Mitschüler und Mitschülerinnen nach Hilfestellung weitestgehend gewachsen ist. Sie können nun entweder die Zuteilung unter Berücksichtigung der Leistungsfähigkeit der Schüler und Schülerinnen vornehmen; nach einer ersten Begegnung mit der Werkstatt kann die Entscheidung für die Verantwortung über einen Werkbereich aber auch den Kindern überlassen werden.

Die STOPP-Schilder:
Jeder Chef muss zeitweise auch ungestört arbeiten können! Wendet ein Kind sich nun einer Arbeit zu, die es konzentriert und in Ruhe bearbeiten möchte, kann es ein STOPP-Schild auf seinen Platz stellen. Dieses Schild bedeutet für alle anderen, dass das Kind in seiner Chef-Eigenschaft gerade nicht angesprochen werden möchte. STOPP-Schilder können Sie z. B. als Klappkarten aus Fotokarton herstellen und das Motiv des Verkehrszeichens aufkleben.

Der Werkstattpass:
Jeder Schüler bekommt einen Werkstattpass. Der Pass bietet dem Schüler einen Überblick über das komplette Werkstattangebot, die bereits bearbeiteten und die noch offenen Werkbereiche. Nach Erledigung eines Werkbereichs wendet sich das Kind an den zuständigen „Chef“, der die Arbeit überprüft und auf dem Pass unterschreibt.

Die Arbeitsblätter:
Die Kinder sind stolz auf ihre fertigen Arbeiten. Eine entsprechende Würdigung findet das Material, wenn jeder Schüler z. B. einen Schnellhefter für diese Arbeitsblätter anlegt. Eine andere Möglichkeit besteht darin, dass jedes Kind seine Blätter zunächst in einer Mappe sammelt und zum Abschluss der Werkstatt nach Werkbereichen geordnet zu einem Buch („Mein Ägypten-Buch“) bindet.

Tipps zur Organisation der Lernwerkstatt

Vorschläge für einige Verhaltensregeln:
- Jede Arbeit wird erst zu Ende geführt, bevor eine neue begonnen wird.
- Die Kinder entscheiden, ob eine Arbeit allein, zu zweit oder in einer Gruppe bearbeitet wird.
- Alle Materialien aus den Ablagefächern werden wieder zurückgebracht.
- Der „Chef" soll beraten, d. h. Hinweise zur Weiterarbeit und Hilfestellungen geben, aber nicht alle Lösungen vorgeben.

Tipps zur Einführung der Werkstatt „Das Alte Ägypten":
Zunächst sollten die Kinder in einem Gespräch Vorerfahrungen, Erwartungen an das Thema, Fragen, Wünsche usw. austauschen können.
Zu einer ersten Begegnung mit der Werkstatt gehen die Kinder dann im Klassenraum herum, sehen sich alle Angebote an, kommen vielleicht miteinander ins Gespräch und machen sich auf Angebote gegenseitig aufmerksam.
Nach der Verteilung der „Chefämter" muss sich jeder Chef zunächst in seine Aufgabe einarbeiten. Der Lehrer hat hier die Aufgabe, alle Chefs in ihren Aufgaben zu beraten und diese mit ihnen gründlich zu besprechen, damit die Chefs ihrerseits kompetente Hilfestellungen an ihre Mitschülerinnen und Mitschüler weitergeben können.

Selbstkontrollmöglichkeiten:
Es ist sinnvoll, den Kindern zu jedem Werkbereich Kontrollblätter anzubieten. Diese Kontrollblätter liegen mit im Ablagefach des jeweiligen Werkbereichs. Die Kontrollblätter können laminiert oder durch eine Klarsichthülle geschützt werden.

Die Lese- und Ausstellungsecke:
Für die Arbeit in der Lernwerkstatt, zum Sammeln von Informationen, zum Stöbern und Schmökern ist eine Leseecke mit einer „Bücherkiste" zum Thema empfehlenswert. In öffentlichen Büchereien wird eine Fülle von Kinder-Sachbüchern über das Alte Ägypten zur Ausleihe angeboten. Möglicherweise können die Kinder auch eigene Bücher, Bilder (z. B. aus Prospekten von Reiseveranstaltern), Souvenirs aus Ägypten, wie Papyrusstücke oder kleine Götterdarstellungen, mitbringen.

Büchertipps:
„Was ist was", Bd. 61: Pyramiden, Bd. 70: Das Alte Ägypten, Bd. 84: Mumien aus aller Welt, Nürnberg, Tessloff-Verlag.

Hinweise zu den Werkbereichen:

Zur Bearbeitung mehrerer Bereiche sind Schreibblätter erforderlich. Das Blanko-Arbeitsblatt (S. 53) kann als Kopiervorlage für Linienblätter genutzt werden.
Die Kontrollblätter können aus einem bearbeiteten Arbeitsblatt bestehen, sofern keine weiteren Lösungsvorschläge angeboten werden.

zu Werkbereich 1:
Zum Heften dieses Wörterbuches muss ein Tacker bereitliegen.
Kurze Erklärungen zu den Begriffen sind unter der Rubrik „Lösungen“ angegeben.
Die Bearbeitung des Wörterbuches kann so erfolgen, dass das Kind während der Bearbeitung der Werkbereiche die jeweils erschlossene Terminologie auf Blättern notiert und an das Wörterbuch heftet, d. h. das Wörterbuch wird mit der Bearbeitung der Werkbereiche auch fertiggestellt.

zu Werkbereich 2:
Hier wird kein Arbeitsblatt angeboten; zur Bearbeitung sind Kinderlexika und Linienblätter erforderlich. Ein Beispieltext ist unter „Lösungen“ angegeben.

zu Werkbereich 4:
Hier sind Linienblätter erforderlich.

zu Werkbereich 5:
Den Ausschneidebogen finden Sie auf S. 23.
Die Kinder brauchen Scheren und Kleber.

zu Werkbereich 7:
Hier wird kein Arbeitsblatt angeboten. Der „Plan“ auf der Auftragskarte gibt den Kindern eine Orientierung zur Aufgabenstellung. Es wird weißes Papier zum Zeichnen der Pläne benötigt.

zu Werkbereich 8:
Die Kronen sind z. B. sehr deutlich farbig zu sehen in: „Was ist was“, Bd. 70: Das Alte Ägypten, S. 12.

zu Werkbereich 9:
Der Mumiensarg hat genug Stabilität, wenn er aus normalem Kopierpapier gebastelt wird. Sie können die Vorlage natürlich auch auf Karton übertragen, dann ist sie fester.
Die Kinder brauchen Scheren und Kleber.
Für die Mumie benötigen die Kinder Knete und dünnen, weißen Stoff, der in schmale Streifen geschnitten oder gerissen werden muss.
Die Bastelanleitung kann einige Male laminiert im Werkbereichsfach liegen.

zu Werkbereich 12:
Hier sind Linienblätter erforderlich.

zu Werkbereich 13:
Die Kopiervorlage für den Ausschneidebogen finden Sie auf S. 38.
Die Kinder brauchen Scheren und Kleber.

zu Werkbereich 15:
Hier benötigen die Kinder Blanko-Papier (DIN A4), Scheren und Kleber. Es müssen zwei Bögen **aneinandergeklebt** werden, damit ein Papierband entsteht, das lang genug für die Zeitleiste ist.
Zusatzanregung: Sie können (evtl. zur Wiederholung) andere historische Themen mit in die Zeitleiste einbeziehen, z. B. das Gründungsjahr Ihrer Stadt, das Baujahr eines „alten" Gebäudes o. Ä. Für die Kinder ist ein solcher Vergleich sehr interessant, weil sie erkennen, dass z. B. eine ihnen bekannte Mühle, die vielleicht 200 Jahre alt ist und ihnen uralt vorkommt, dennoch am anderen Ende der Zeitleiste als die Pyramiden eingeklebt werden muss („Da, wo wir leben.").

zu Werkbereich 17:
Hier sind Ägypten-Bücher mit Götterdarstellungen und Linienblätter nötig.

zu Werkbereich 18:
Hier wird zum Aufkleben der Anziehpuppen Fotokarton (beige / hautfarben) benötigt. Außerdem brauchen die Kinder Scheren und Kleber.

zu Werkbereich 19:
Hier sind Linienblätter erforderlich.

zu Werkbereich 21:
Die Kinder benötigen pro Arbeitsgruppe jeweils eine Rührschüssel, einen Mixer mit Knethaken, Weizen-Vollkornmehl, Wasser, Salz, Datteln (frisch oder getrocknet), eine Backform (evtl. Kastenform).
Der Teig kann - sofern ein Backofen vorhanden ist - in der Schule ausgebacken oder zum Backen mit nach Hause gegeben werden.

Dieser Lernwerkstatt liegt ein Original-Papyrusblatt bei.

Bestelladresse
für Naturpapyrus in verschiedenen Formaten
PGI „Kunst der alten Hochkulturen"
Mainstraße 25
97332 Volkach am Main
www.papyrusversand.de

Werkstattpass von ______________________

Nr.	Werkbereich	Chef
1	Ägypten-Wörterbuch basteln	
2	Schau im Lexikon nach	
3	Wo liegt Ägypten? X	
4	Das Land am Nil X	
5	Die Pyramiden X	
6	Die Cheopspyramide X	
7	Ein Pyramidenplan X	
8	Der Pharao	
9	Die Mumifizierung X	
10	Das Grab des Tutanchamun X	
11	Die Hieroglyphen	
12	Ein ägyptischer Brief	
13	Papyrus	
14	Ägyptische Zahlen	
15	Eine Zeitleiste	
16	Götter und Göttinnen	
17	Heilige Katzen im Alten Ägypten	
18	Kleidung und Schmuck	
19	Das Handwerk	
20	Die Arbeit auf dem Lande	
21	Essen und Trinken	
22	Die Kinder im Alten Ägypten	

BVK LW20 · Eva-Maria Schmidt: Lernwerkstatt „Das Alte Ägypten"

BVK LW20 · Eva-Maria Schmidt: Lernwerkstatt „Das Alte Ägypten"

Auftragskarte zu Werkbereich: 1

Ägypten-Wörterbuch basteln

Bastle dein Ägypten-Wörterbuch.
Schneide alle vier Seiten sauber entlang der Linien aus. Lege sie in der richtigen Reihenfolge aufeinander und hefte sie an der linken Seite zusammen.

Du kannst zu den Wörtern, die du neu gelernt hast, ein kleines Bild malen oder noch Seiten mit einer kurzen Erklärung anheften.

BVK LW20 · Eva-Maria Schmidt: Lernwerkstatt „Das Alte Ägypten"

Auftragskarte zu Werkbereich: 2

Schau im Lexikon nach

Lies in einem Lexikon nach, was du unter dem Stichwort „Ägypten" findest.
Schreibe auf ein Linienblatt, was du interessant und wichtig findest.

Auftragskarte zu Werkbereich: 3

Wo liegt Ägypten?

Male die Weltkarte bunt. Färbe zunächst alle Meere blau, dann die Erdteile mit unterschiedlichen Farben. Setze in die Wortkarten die Namen der Erdteile ein:

Europa - Asien - Afrika - Australien -
Nordamerika - Südamerika - Antarktis

Umrande nun deutlich die Grenzen Ägyptens mit einem Filzstift.

BVK LW20 · Eva-Maria Schmidt: Lernwerkstatt „Das Alte Ägypten"

Auftragskarte zu Werkbereich: 4

Das Land am Nil

Lies den Text aufmerksam.
Nimm dir nun ein Linienblatt und beantworte die Fragen vom Arbeitsblatt.
Achte darauf, immer in ganzen Sätzen zu antworten.

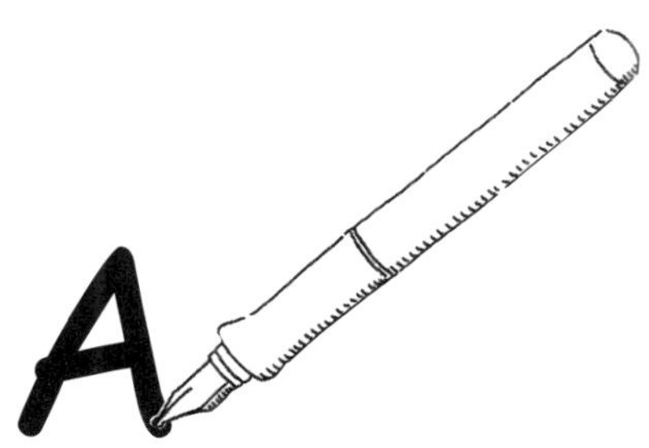

BVK LW20 · Eva-Maria Schmidt: Lernwerkstatt „Das Alte Ägypten"

Auftragskarte zu Werkbereich: 5
Die Pyramiden

Schneide die Bilder der Pyramiden aus und klebe sie in der richtigen Reihenfolge ein.
Dazu musst du den Informationstext auf dem Arbeitsblatt aufmerksam lesen.

Schreibe folgende Bezeichnungen zu den entsprechenden Bildern:
Stufenpyramide – Knickpyramide – glatte Pyramide

BVK LW20 · Eva-Maria Schmidt: Lernwerkstatt „Das Alte Ägypten"

Auftragskarte zu Werkbereich: 6
Die Cheopspyramide

Hier siehst du einen Querschnitt durch eines der berühmtesten Bauwerke unserer Erde: die Pyramide des Pharao Cheops.

Schreibe auf die Linien, was du auf dem Plan erkennst.
Der Informationstext hilft dir.

BVK LW20 · Eva-Maria Schmidt: Lernwerkstatt „Das Alte Ägypten"

Auftragskarte zu Werkbereich: 7
Ein Pyramidenplan

Zeichne einen Plan von einer Pyramide. Als Beispiel kannst du dir die Zeichnung der Cheopspyramide aus dem Werkbereich 6 anschauen. Du kannst deinen Plan auch beschriften.
Wenn ihr Lust habt, bildet ein Team von Baumeistern.

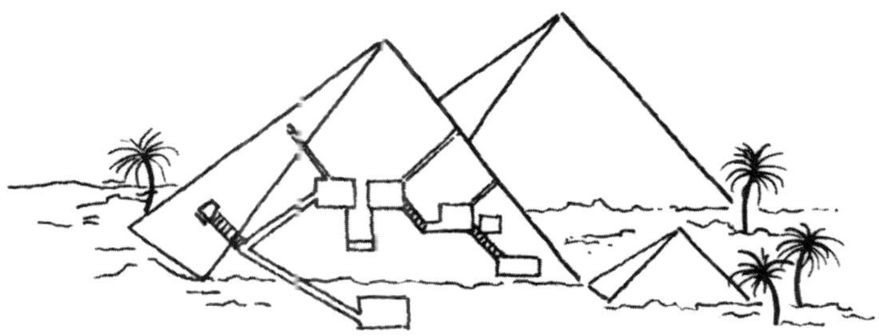

Auftragskarte zu Werkbereich: 8
Der Pharao

Male die Kronen in den richtigen Farben aus.

Die Herrscher von Oberägypten trugen eine weiße Krone, die Krone von Unterägypten war rot. Die Doppelkrone der Pharaonen enthielt beide Farben. Der Kriegshelm war blau.

BVK LW20 · Eva-Maria Schmidt: Lernwerkstatt „Das Alte Ägypten"

Auftragskarte zu Werkbereich: 9
Die Mumifizierung

Die Ägypter mumifizierten ihre Toten. Warum sie das taten, kannst du auf dem Arbeitsblatt nachlesen.

Bastle dann einen Mumiensarg mit einer Mumie.
Nimm für den Sarg die Bastelbögen und lies die Anweisungen genau durch. Male den verzierten Deckel erst an, bevor du ihn aufklebst.
Für die Mumie knetest du eine kleine Figur und umwickelst sie mit Stoffstreifen.

BVK LW20 · Eva-Maria Schmidt: Lernwerkstatt „Das Alte Ägypten"

Auftragskarte zu Werkbereich: 10
Das Grab des Tutanchamun

Lies den Informationstext aufmerksam durch.

Im Text steht, dass Howard Carter ein Archäologe war. Schaue in einem Lexikon nach, was das Wort bedeutet und schreibe eine kurze Erklärung unten auf die Linie im Arbeitsblatt.

Suche nun aus Büchern ein farbiges Bild der Totenmaske Tutanchamuns und male das Bild auf dem Arbeitsblatt mit den richtigen Farben aus.
Für die Farbe Gold kannst du einen gelben Stift nehmen.

BVK LW20 · Eva-Maria Schmidt: Lernwerkstatt „Das Alte Ägypten"

BVK LW20 · Eva-Maria Schmidt: Lernwerkstatt „Das Alte Ägypten"

Auftragskarte zu Werkbereich: 11

Die Hieroglyphen

Hier erfährst du, wie du die Schrift der Alten Ägypter lesen kannst. Man bezeichnet diese Bildzeichen als Hieroglyphen. Manche Zeichen standen für einzelne Buchstaben, manche Zeichen für ein Wort. Die Namen ihrer Pharaonen schrieben die Ägypter in so genannte Kartuschen.

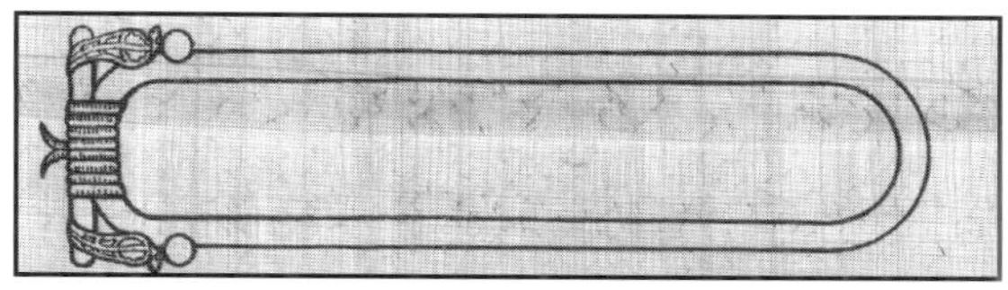

Einige Abbildungen findest du auf dem Arbeitsblatt.
Kannst du die Namen lesen?
Welcher Name gehörte einer ägyptischen Königin?

Schreibe deinen Namen in Hieroglyphen in die leere Kartusche hinein.

BVK LW20 · Eva-Maria Schmidt: Lernwerkstatt „Das Alte Ägypten"

Auftragskarte zu Werkbereich: 12

Ein ägyptischer Brief

Ein ägyptischer Junge hat eine Geschichte geschrieben. Einige Wörter sind in Hieroglyphen geschrieben. Kannst du sie entziffern? Nimm das Hieroglyphen-Alphabet aus Werkbereich 11 zu Hilfe.

Schreibe den Brief richtig ab und „übersetze" die Hieroglyphen.

Auftragskarte zu Werkbereich: 13
Papyrus

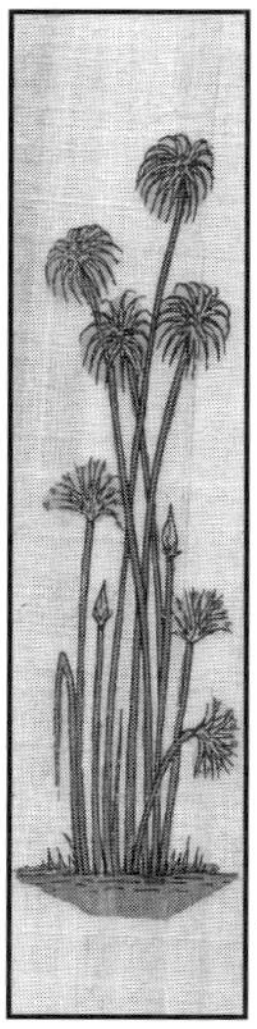

Hier erfährst du einiges über die Papyruspflanze. Sie liefert den Rohstoff für das gleichnamige Schreibmaterial, denn die Alten Ägypter kannten noch kein Papier, schrieben aber schon viel.

Wie Papyrus hergestellt wurde erfährst du, wenn du die Bilder und Texte ausschneidest und richtig nebeneinander ins Arbeitsblatt einklebst.

Schreibe den zusammenhängenden Text dann auf ein Linienblatt ab. Du kannst auch dazu malen.

BVK LW20 · Eva-Maria Schmidt: Lernwerkstatt „Das Alte Ägypten“

Auftragskarte zu Werkbereich: 14
Ägyptische Zahlen

Wie für fast alle Menschen war auch für die Ägypter das Zählen wichtig. Sie brauchten Zahlen zur Vermessung ihrer Felder, zur Berechnung von Steuern und zum Bau von Pyramiden, Tempeln und Häusern.
Die Ägypter hatten aber keine Zeichen für die Zahlen 1 bis 9, so wie wir, sie benutzten Hieroglyphen.

Lies auf dem Arbeitsblatt die Erklärung der Hieroglyphen-Schreibweise genau durch, dann lernst du auch schnell, ägyptische Zahlen zu lesen.

BVK LW20 · Eva-Maria Schmidt: Lernwerkstatt „Das Alte Ägypten“

Auftragskarte zu Werkbereich: 15

Eine Zeitleiste

Bastle eine Zeitleiste. Klebe zunächst zwei DIN-A4-Blätter an den kurzen Seiten aneinander. Schneide nun die drei Teile der Zeitleiste aus dem Arbeitsblatt aus und klebe sie an den Laschen aneinander auf die Blätter. Die Striche sind nach jeweils 100 Jahren eingezeichnet. Trage nun die Tausenderzahlen und die Fünfhunderterzahlen ein. Schreibe die Jahreszahlen vor Christi Geburt in Rot, die Zahlen nach Christi Geburt in Blau.
Schreibe so: 3000 v. Chr., 2500 v. Chr., 2000 v. Chr. usw., 500 n. Chr., 1000 n. Chr. usw. Schneide dann die Bilder und Texte aus und klebe sie an deine Zeitleiste. Verbinde die Kästen mit dem entsprechenden Jahr durch Striche.

BVK LW20 · Eva-Maria Schmidt: Lernwerkstatt „Das Alte Ägypten“

Auftragskarte zu Werkbereich: 16

Götter und Göttinnen

Lies den Text aufmerksam durch. Hier erfährst du, dass die Ägypter viele Götter und Göttinnen verehrten.

Suche nun nach Götterdarstellungen in deinen Ägypten-Büchern.
Male einen Gott unten auf das Arbeitsblatt, schreibe seinen Namen dazu und beschreibe seine Aufgabe.
Benutze für diese Beschreibung ein Linienblatt.

Auftragskarte zu Werkbereich: 17
Heilige Katzen im Alten Ägypten

Lies den Text aufmerksam durch. Du erfährst Interessantes über die Katzen im Alten Ägypten.

Suche zu dem Bild eine passende Überschrift und schreibe sie in die Mitte des Bildes.

Das Bild wird schöner, wenn du es buntmalst.

Auftragskarte zu Werkbereich: 18
Kleidung und Schmuck

Hier lernst du Kleidung und Schmuck des Königs, einer vornehmen ägyptischen Dame und eines Priesters kennen.

Du kannst sie als Anziehfiguren basteln.
Zunächst klebst du die Figuren auf Karton und schneidest beides zusammen aus.
Nun malst du die Kleidungsstücke bunt, schneidest sie aus und kannst damit deine Puppe anziehen.
Achte darauf, die Knicklaschen **nicht** abzuschneiden.

Auftragskarte zu Werkbereich: 19
Das Handwerk

Ordne folgende Berufe den Bildern auf dem Arbeitsblatt zu:

Töpfer - Schreiner - Gerber - Schiffbauer - Bildhauer - Schreiber

Informiere dich in Büchern über diese Berufe und beschreibe sie. Erkunde, mit welchen Materialien die Handwerker im Alten Ägypten arbeiteten, was sie herstellten und wozu ihre Produkte benötigt wurden.

Schreibe auf ein Linienblatt.

BVK LW20 · Eva-Maria Schmidt: Lernwerkstatt „Das Alte Ägypten"

Auftragskarte zu Werkbereich: 20
Die Arbeit auf dem Lande

In diesem Informationstext erfährst du einiges über die Arbeit der Bauern im Alten Ägypten. Lies den Text aufmerksam durch und beantworte die Fragen in ganzen Sätzen.
Male nun das Bild unten auf dem Arbeitsblatt bunt oder male ein eigenes Bild, wie du dir die Landarbeit im Alten Ägypten vorstellst.

Du kannst dich auch in Büchern noch weiter zu diesem Thema informieren. Vielleicht findest du in einem Buch auch ein Bild, das du abmalen möchtest.

Auftragskarte zu Werkbereich: 21

Essen und Trinken

Im Alten Ägypten war das Brot ein Hauptnahrungsmittel. Man kannte schon viele verschiedene Brotsorten.

Hier kannst du ein Dattelbrot nach einem alten ägyptischen Rezept backen. Du darfst auch mit einigen Mitschülern ein Back-Team bilden.

Guten Appetit!

BVK LW20 · Eva-Maria Schmidt: Lernwerkstatt „Das Alte Ägypten"

Auftragskarte zu Werkbereich: 22

Die Kinder im Alten Ägypten

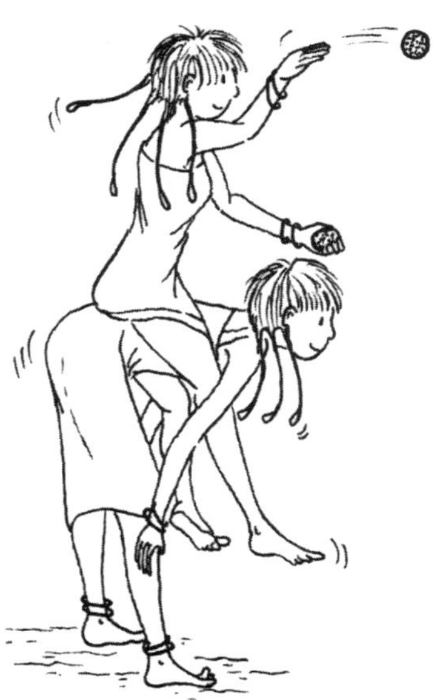

Hier erfährst du einiges über das Leben der Kinder.
Besonders zwei Spiele sind hier erklärt, die ihr draußen oder in der Turnhalle einmal ausprobieren könnt.

Viel Spaß!

BVK LW20 · Eva-Maria Schmidt: Lernwerkstatt „Das Alte Ägypten"

Arbeitsblatt

Werkbereich 1: Ägypten-Wörterbuch basteln

Ägypten-Wörterbuch
von

____

Ägypten

Archäologe

Bildhauer

Cheops

Gerber

Götter

Hieroglyphen

Katzen

Mumie

Nil

Papyrus

Pharao

Pyramide

Sarkophag

Schiffbauer

Schreiber

Sphinx

Töpfer

BVK LW20 · Eva-Maria Schmidt: Lernwerkstatt „Das Alte Ägypten"

Arbeitsblatt

Werkbereich 3: Wo liegt Ägypten?

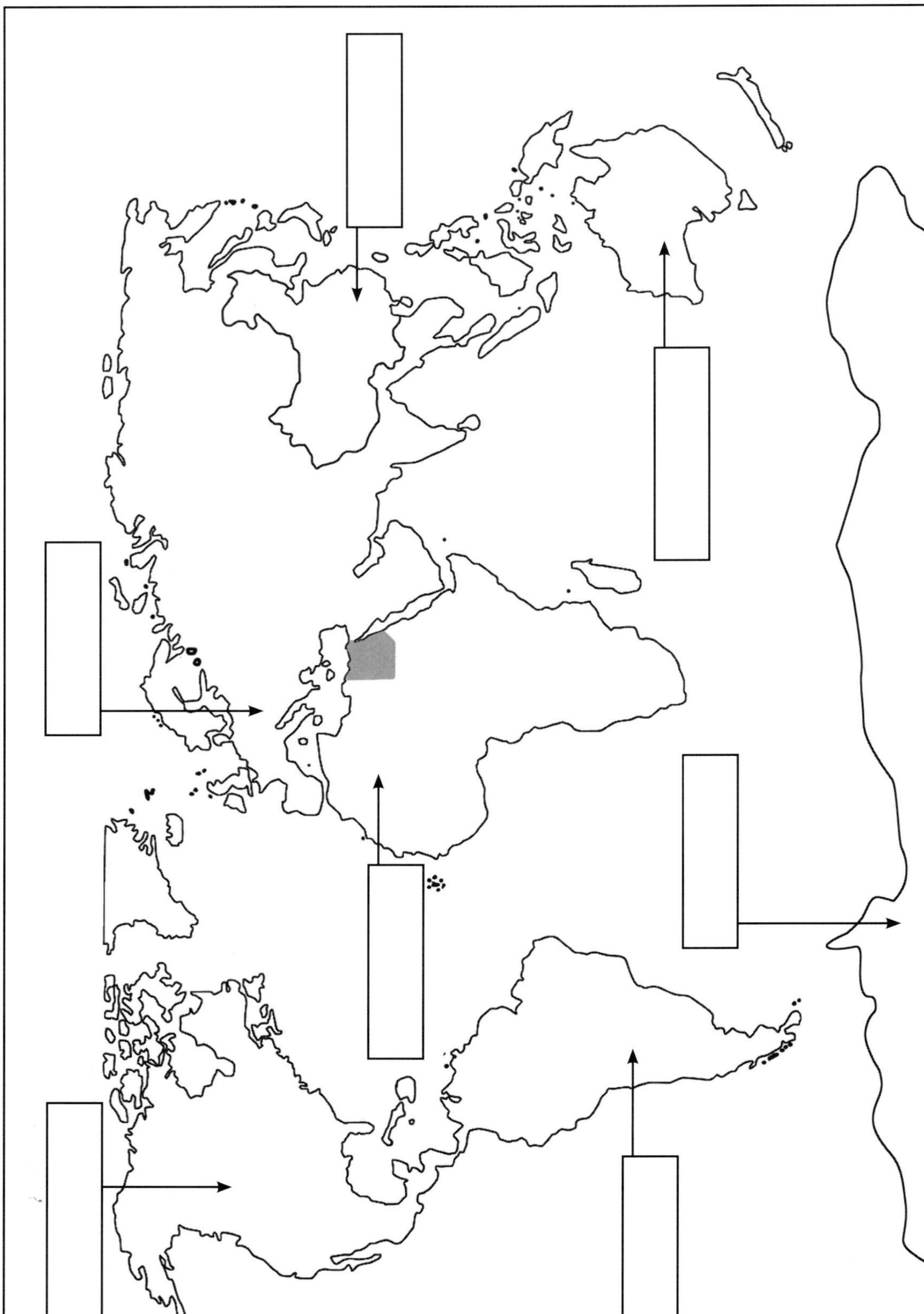

Ägypten liegt im Norden von ____________________ .

Arbeitsblatt
Werkbereich 4: Das Land am Nil

Der Nil ist mit 6 671 km der längste Fluss der Erde.

Für die Ägypter war und ist der Nil lebensnotwendig, denn in Ägypten regnet es fast nie. Der Fluss lieferte nicht nur Trinkwasser und Fische, er war auch Transport- und Reiseweg. Er gab den Menschen feuchte Felder, auf denen sie Getreide, Gemüse und Früchte anbauen und ihr Vieh weiden konnten. Auch die Papyrusstaude wuchs am Wasser. Und dies ist heute auch noch so.
Ohne die jährliche Überflutung wäre das ganze Land nur eine Wüstenlandschaft.

So war das Jahr für die ägyptischen Bauern vom Nil abhängig und in drei Jahreszeiten geteilt: Die Zeit der Überschwemmung dauerte von Juli bis Oktober. Der Nil trat über die Ufer, wenn in Zentralafrika im Sommer die Schneeschmelze einsetzte. Wenn das Wasser zurückging, blieb eine dicke Schicht fruchtbaren, schwarzen Schlamms zurück. Nun begann die Arbeit der Bauern. Bis Februar wurden die Felder bestellt und Bewässerungsgräben neu angelegt und ausgebessert. In der Trockenzeit schließlich von März bis Mai brachten sie die Ernte ein. Jahrtausende hat der Nil so die Menschen in Ägypten ernährt.

Für die vielen Millionen Menschen, die in unserer Zeit in Ägypten leben, reicht das Überschwemmungsland jedoch nicht mehr aus. Größere und bessere Anbaugebiete mussten geschaffen werden. Die Ägypter bauten deshalb 1971 einen riesigen Staudamm, mit dem sie das Nilwasser zu einem gewaltigen See, dem Nassersee, stauten. So konnte die gesamte Wassermenge in der Überschwemmungszeit aufgefangen und in der Trockenzeit zur Bewässerung genutzt werden.

Hast du den Text gut verstanden?

1. Wie heißt der längste Fluss der Erde?
2. Wie lang ist er?
3. Was wurde auf den Feldern angebaut?
4. Wann setzte die jährliche Überschwemmung des Nils ein?
5. Warum führte der Nil ab Sommer so viel Wasser?
6. Wann endete die Zeit der Überschwemmung?
7. Was blieb nach der Überschwemmung auf den Feldern zurück?
8. Wann wurde die Ernte eingebracht?
9. Warum überschwemmt der Nil das Land heute nicht mehr?

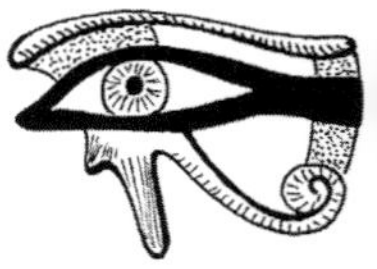

Arbeitsblatt
Werkbereich 5: Die Pyramiden

Eine Pyramide ist ein riesiges Bauwerk, in dem ein Pharao begraben wurde. Der Pharao ließ sich sein Grabmal schon lange vor seinem Tod bauen. Er achtete darauf, dass es prächtig ausgestattet und sicher vor Grabräubern errichtet wurde.

Die Ägypter glaubten, dass die göttliche Seele des Pharaos nach seinem Tod in den Himmel fliegen und zur Sonne zurückkehren würde. So bauten sie die ersten größeren Pyramiden stufenförmig. Sie nahmen an, dass der Pharao diese Stufen auf seinem Weg zur Sonne benutzen würde.
Später ging man zu einer Pyramidenform mit glatten Wänden über, die jedoch zunächst nach oben abgeknickt waren.
Schließlich baute man Pyramiden mit durchgehend glatten Wänden.

Die bekanntesten sind die Cheops- und die Chefrenpyramide in der Nähe der heutigen ägyptischen Hauptstadt Kairo.

BVK LW20 · Eva-Maria Schmidt: Lernwerkstatt „Das Alte Ägypten"

Arbeitsblatt

Ausschneidebogen zu Werkbereich 5: Die Pyramiden

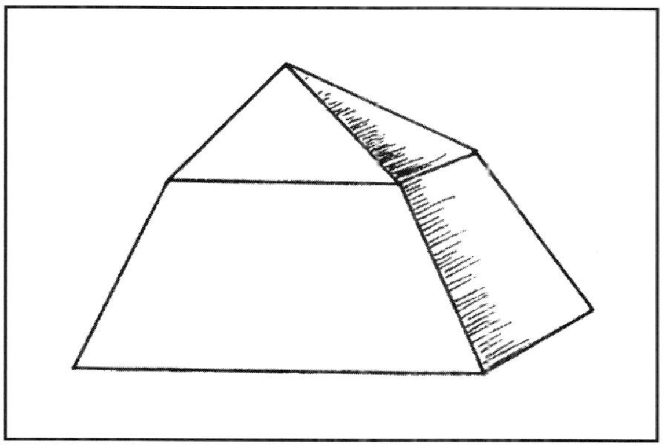

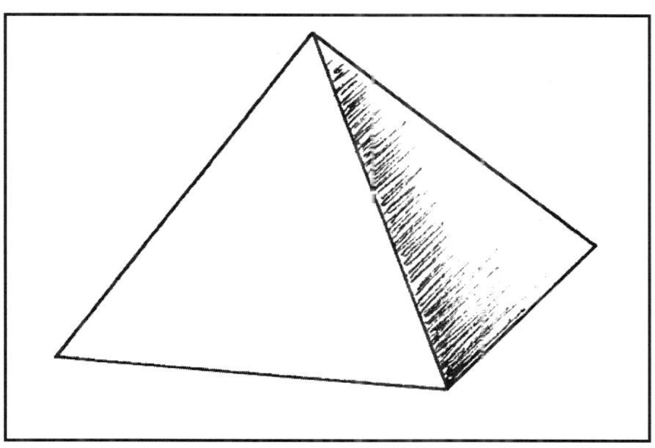

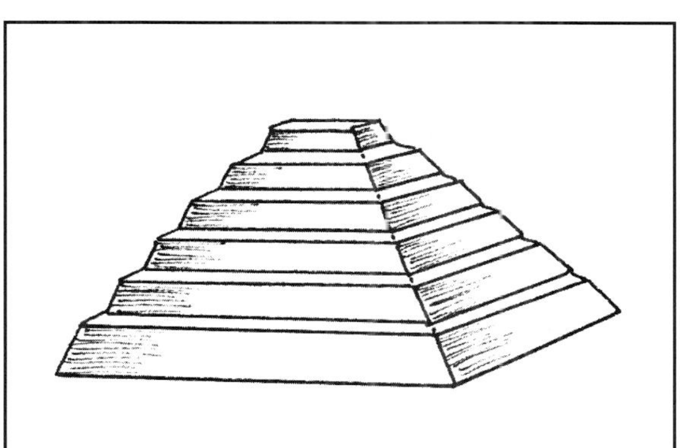

BVK LW20 · Eva-Maria Schmidt: Lernwerkstatt „Das Alte Ägypten"

Arbeitsblatt
Werkbereich 6: Die Cheopspyramide

Die Cheopspyramide ist eines der größten Bauwerke, das je von Menschen errichtet wurde. Sie hatte ursprünglich eine Höhe von 146 Metern und einen Grundriss von 230 mal 230 Metern.
Der Pharao Cheops ließ dieses Bauwerk um 2550 v. Chr. errichten. Tausende von Arbeitern verbrachten 20 Jahre ohne Unterbrechung auf dieser Baustelle. Über zwei Millionen riesiger Kalksteinblöcke wurden teils von weit her angeschleppt und in der Pyramide verbaut.
Sie hat, wie jede Pyramide, tief im Innern eine Grabkammer, in der der Sarkophag mit der Mumie stand. Die Nebenräume wurden mit Gegenständen ausgestattet, die der Pharao nach altem ägyptischen Glauben im Jenseits brauchte.
Durch die Gänge 1, 2 und 3 erreicht man die beiden unvollendeten Grabkammern 4 und 5. Durch die große Galerie 6 gelangt man in die Königskammer 7, in der der leere Sarkophag gefunden wurde. Die Luftschächte 8 und 9 führen ins Freie.
Gang 2 wurde nach Beendigung der Bauarbeiten mit Felsblöcken verschlossen.

1. ______________________

2. ______________________

3. ______________________

4. ______________________

5. ______________________

6. ______________________

7. ______________________

8. ______________________

9. ______________________

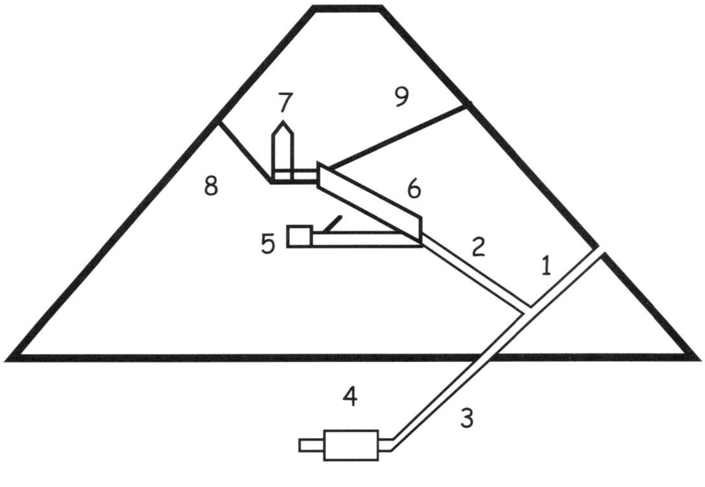

Arbeitsblatt
Werkbereich 7: Ein Pyramidenplan

Diese Pyramide könnte aus dem Alten Ägypten stammen. Wenn du früher Baumeister gewesen wärest, wie hättest du dann eine Pyramide entworfen?
Beachte: In deiner Pyramide soll ein Pharao mit riesigen Schätzen sein Grab finden und sicher vor Grabräubern geschützt sein.

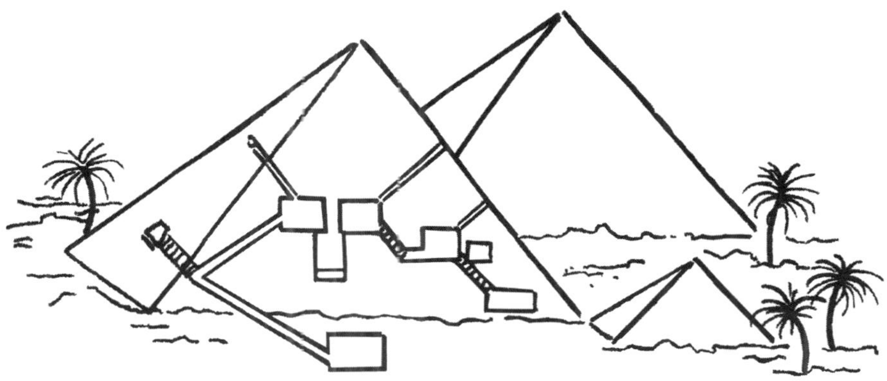

BVK LW20 · Eva-Maria Schmidt: Lernwerkstatt „Das Alte Ägypten“

Arbeitsblatt
Werkbereich 8: Der Pharao

Die Könige im Alten Ägypten wurden Pharaonen genannt. Der Pharao wurde als Gott angesehen und zwar als Sohn des Sonnengottes Re. Er war ein mächtiger Herrscher und wurde vom Volk verehrt – auch nach seinem Tod. Nach altem ägyptischen Recht gehörte ihm alles im ganzen Land, auch die Menschen. Der Pharao stand an der Spitze der Regierung, der Gerichte und der Armee. Er sorgte für Recht und Ordnung und auch für den Wohlstand im Land.

Die Frau des Pharao spielte ebenfalls eine wichtige Rolle. Sie wurde „Königliche Gemahlin" genannt und galt auch als göttlich. Ihr Sohn wurde der Thronfolger.
Die Königsfamilie lebte in einem riesigen Palast.

Der erste Pharao im Alten Ägypten war König Menes. Er herrschte zuerst über das südliche Königreich. Etwa im Jahre 3000 v. Chr. besiegte er seine Feinde aus dem Norden. Oberägypten und Unterägypten wurden durch diesen Sieg zu einem Königreich vereint – dem Land der Pharaonen.
Als Zeichen seiner Macht über beide Landesteile trug der Pharao die Doppelkrone, die aus der weißen Krone Oberägyptens und der roten Krone Unterägyptens zusammengesetzt wurde. In Kriegszeiten trug der Herrscher die blaue Krone, den Kriegshelm.

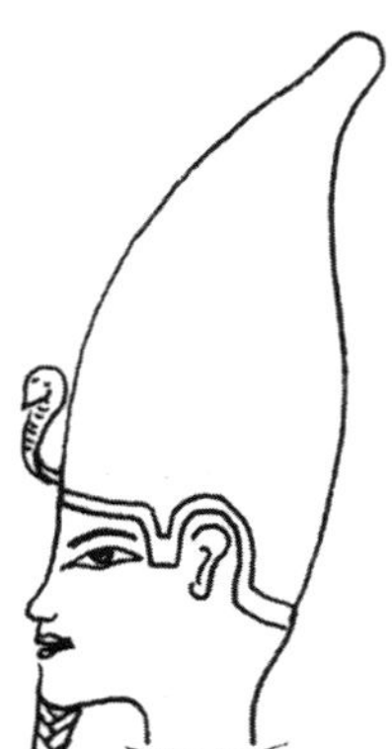

weiße Krone
(Oberägypten)

rote Krone
(Unterägypten)

Doppelkrone
(Oberägypten und Unterägypten)

blaue Krone
(Kriegshelm)

BVK LW20 · Eva-Maria Schmidt: Lernwerkstatt „Das Alte Ägypten"

Arbeitsblatt

Werkbereich 9: Die Mumifizierung

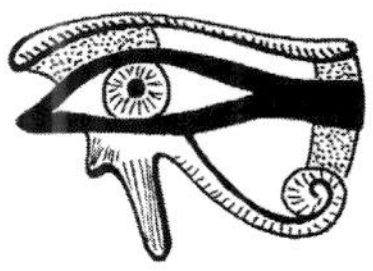

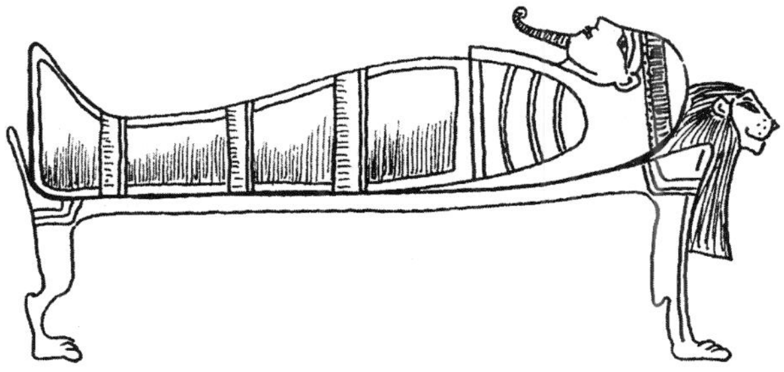

Die Ägypter glaubten an das Weiterleben nach dem Tode. Nach ihrem Glauben konnten die Seelen aber nur leben, solange der Körper erhalten blieb. Darum „balsamierten" sie ihre Toten ein und trockneten sie. So wurden sie langsam zu **Mumien.**

Die armen Menschen gruben ihre Toten im Wüstensand ein, reichere Leute bis hin zum Pharao ließen sich schon zu Lebzeiten ihr Grabmal errichten.

Nach dem Tod entfernten Priester die inneren Organe des Leichnams und legten sie in Krüge, die so genannten **Kanopen,** die später neben die Mumie gestellt wurden. Nur das Herz wurde nicht entnommen. Es blieb im Körper des Toten, damit der Gott Anubis es wiegen konnte. Anschließend wurde die Leiche 40 Tage in Natronsalz gelegt, um sie zu trocknen.
Schließlich wurde der Leichnam mit Öl eingerieben und in Leinenstreifen eingewickelt. Zwischen die Leinenstreifen schob man Amulette und Schmuck aus Gold und Edelsteinen, um böse Geister abzuwehren und dem Toten auch in seinem jenseitigen Leben den Luxus zu gewähren, den er auf Erden genossen hatte. Außerdem wurde Nahrung in die Grabstätte gelegt und auch nützliche Dinge, um die Toten für das neue Leben auszustatten.

Zum Schluss wurde die Mumie in einen oder mehrere ineinanderliegende Särge (Sarkophag = Steinsarg) gelegt und darin verschlossen.

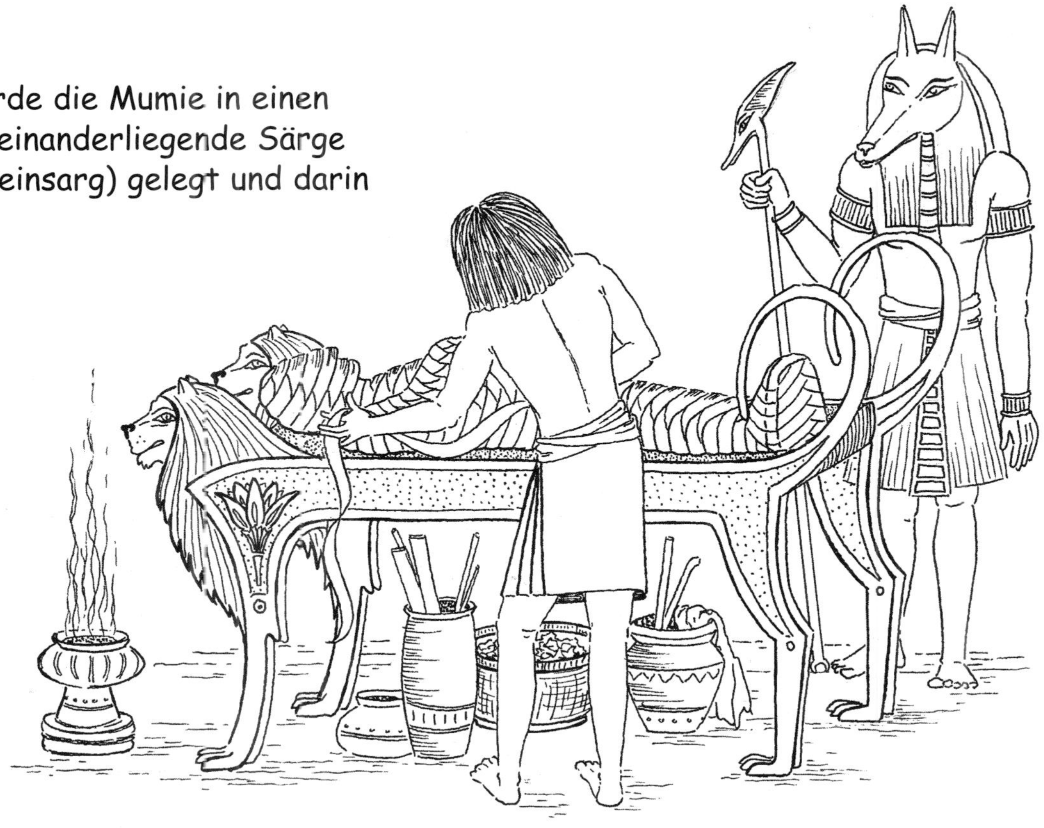

BVK LW20 · Eva-Maria Schmidt: Lernwerkstatt „Das Alte Ägypten"

Arbeitsblatt
Bastelanleitung zu Werkbereich 9: Die Mumifizierung

schneiden | knicken | kleben

Ein Muminensarg

Schneide zunächst die vier Teile *(Sargboden, Sargdeckel, Fußteil und Deckel)* sauber aus.
Gleite mit Hilfe eines Lineals mit der Scherenspitze vorsichtig an den gestrichelten Linien entlang. So lässt sich der Karton leichter knicken.

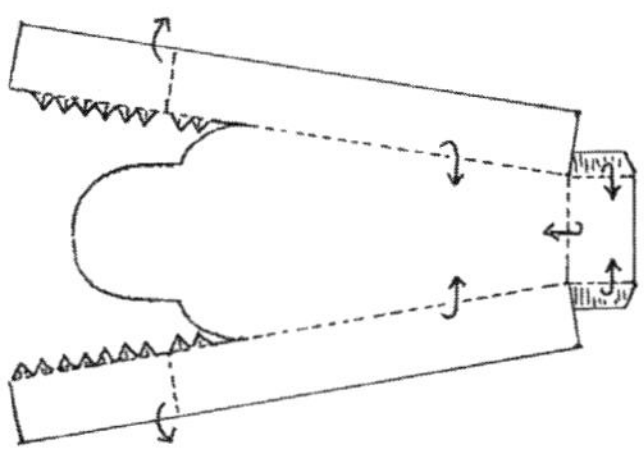

Der Sargboden
1. Falte die beiden äußeren Streifen nach innen und klebe sie an.
2. Klebe das Fußende des Bodens zusammen.

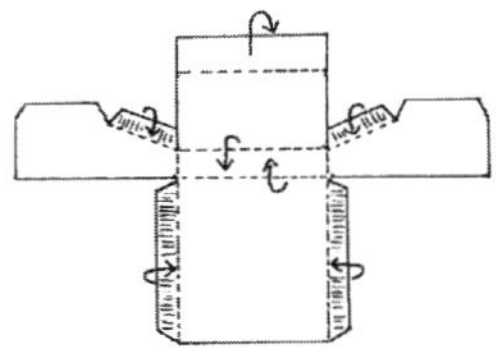

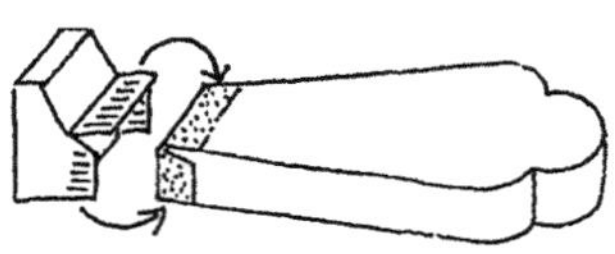

Der Sargdeckel
1. Falte die beiden äußeren Streifen nach innen und klebe sie an.
2. Klebe das Fußende des Deckels zusammen.

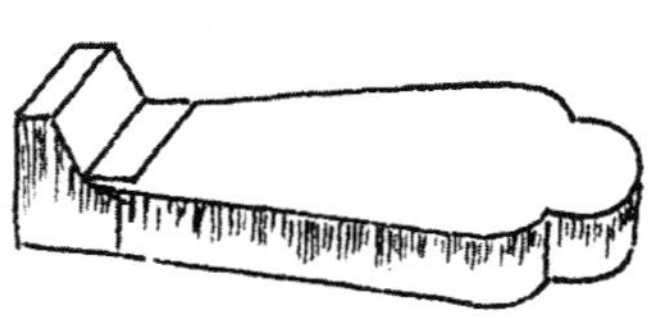

Das Fußteil des Sarges
1. Knicke entlang der gestrichelten Linie. Klebe die vier Laschen an die Innenseite des Fußteils.
2. Klebe das Fußteil an den Sargdeckel.

Der verzierte Deckel
1. Male den Deckel zunächst in passenden Farben an.
2. Klebe ihn dann auf den Sargdeckel. Achte darauf, dass die Knickfalten unten mit dem Fußteil des Sarges übereinstimmen.

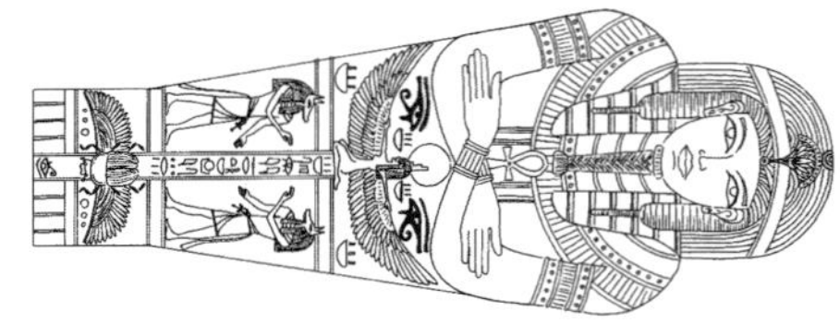

Die Mumie
1. Forme nun eine kleine Figur aus Knete.
2. Umwickle sie mit Stoffstreifen und lege sie in den Sarg.

BVK LW20 · Eva-Maria Schmidt: Lernwerkstatt „Das Alte Ägypten"

Arbeitsblatt

Bastelbogen zu Werkbereich 9: Die Mumifizierung (1)

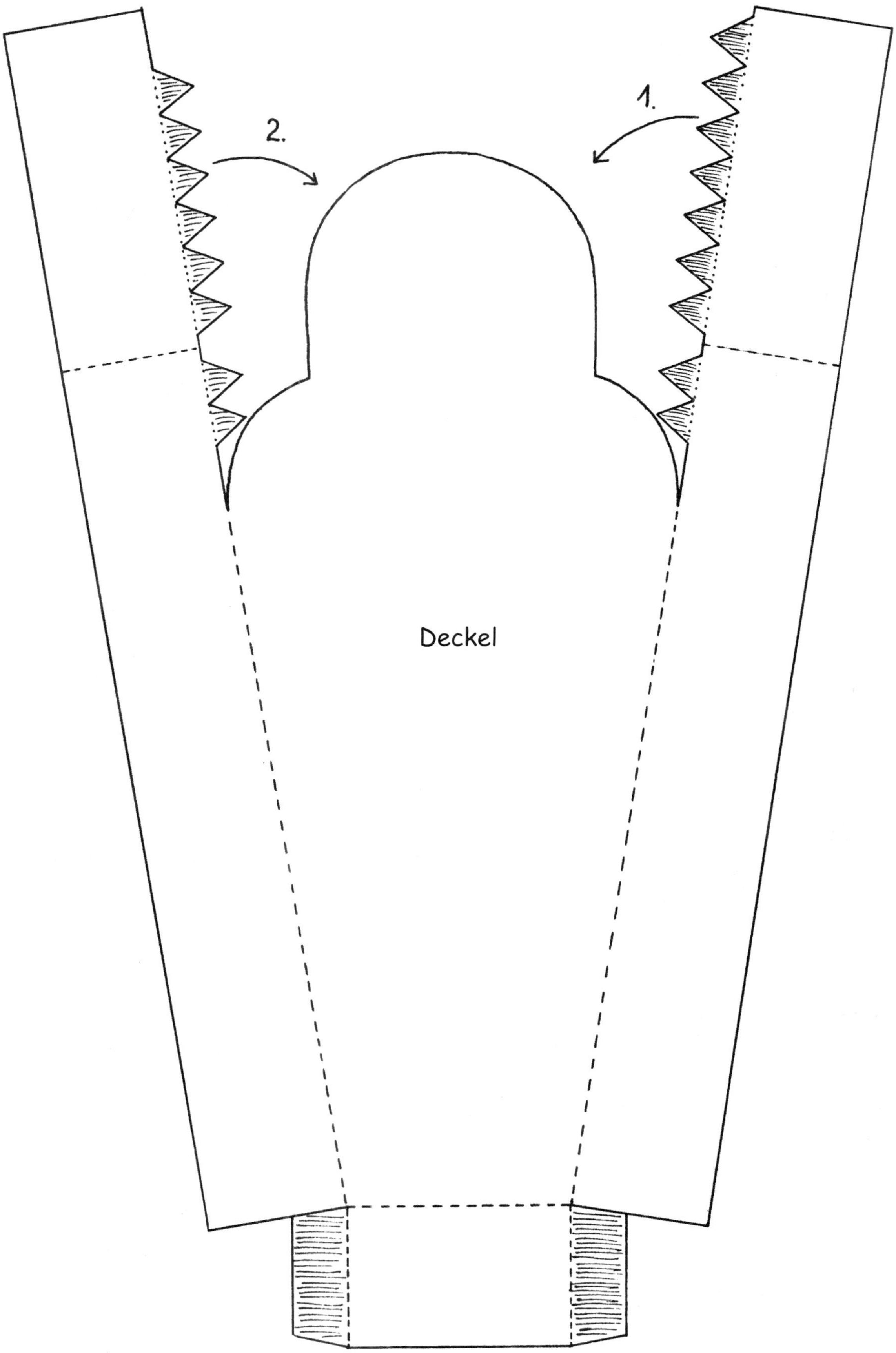

BVK LW20 · Eva-Maria Schmidt: Lernwerkstatt „Das Alte Ägypten"

Arbeitsblatt

Bastelbogen zu Werkbereich 9: Die Mumifizierung (2)

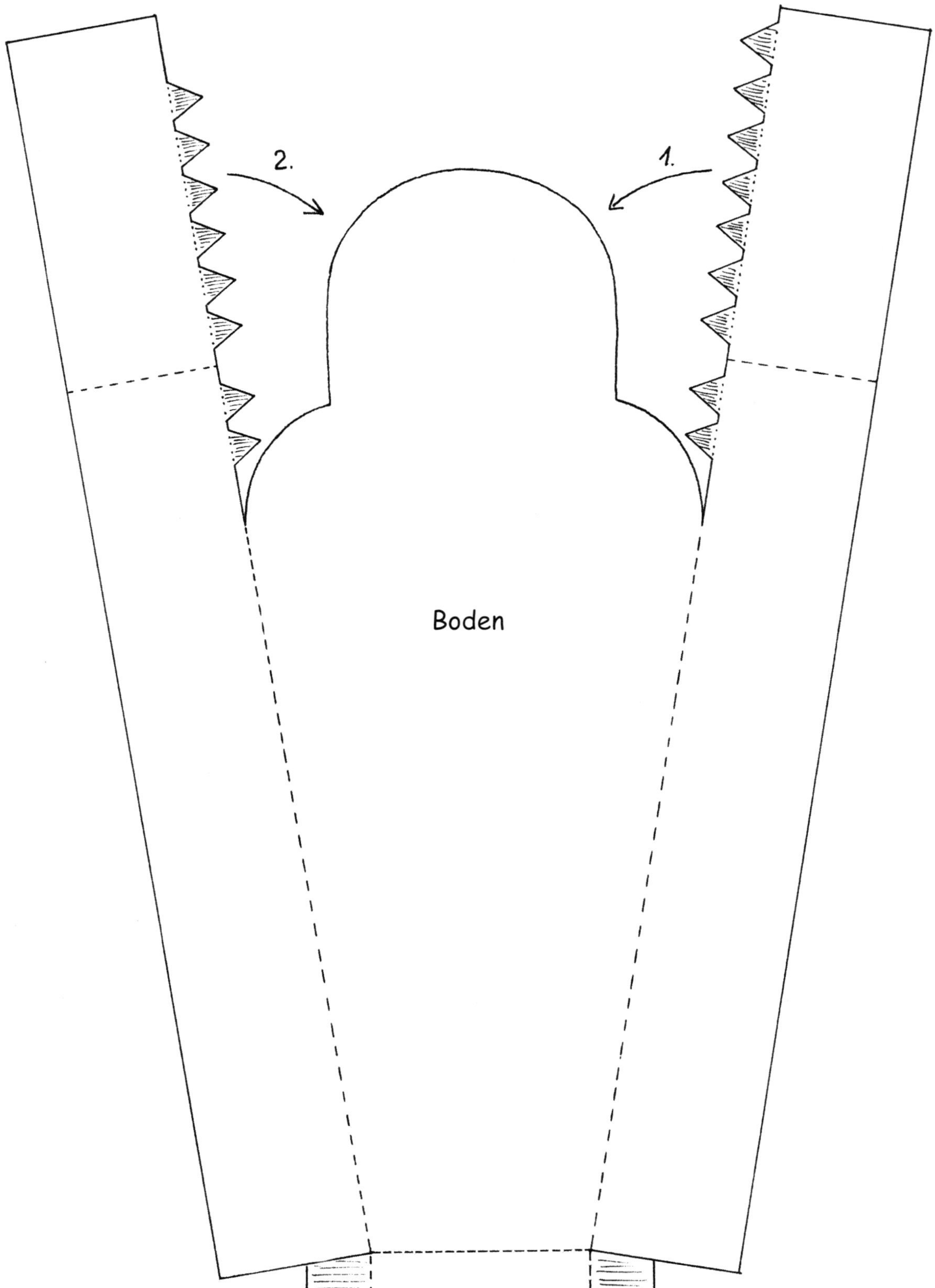

Arbeitsblatt

Bastelbogen zu Werkbereich 9: Die Mumifizierung (3)

Deckelverzierung

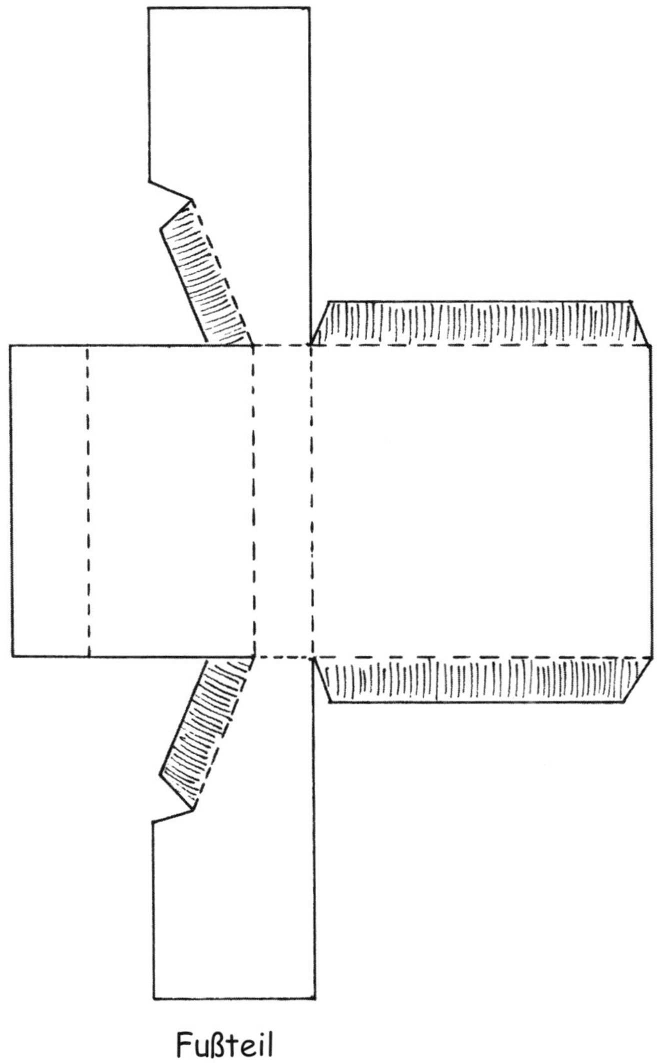

Fußteil

BVK LW20 · Eva-Maria Schmidt: Lernwerkstatt „Das Alte Ägypten"

Arbeitsblatt

Werkbereich 10: Das Grab des Tutanchamun (1)

1922 wurde einer der bedeutendsten Funde aus der Zeit der Alten Ägypter gemacht: Der britische Archäologe Howard Carter entdeckte das Grab des Pharao Tutanchamun. Dieser hatte als Achtjähriger den ägyptischen Thron bestiegen. Er regierte aber nur zehn Jahre lang.

Viele Pharaonengräber hatte man schon gefunden, aber alle waren im Laufe der Jahrtausende von Grabräubern geplündert worden.
Das Grab des Tutanchamun war unversehrt. Die Grabkammern waren bis unter die Decken mit ungefähr 3 000 Grabbeilagen von unschätzbarem Wert gefüllt.

In einer der inneren Kammern des Grabes fand Howard Carter den Sarkophag des Pharaos. Ein Sarkophag ist ein meist prunkvoller Steinsarg, der als eine Art Außenhülle dient. Er enthielt drei ineinandergesetzte goldene Särge. Im dritten Sarg lag der mumifizierte Körper. Schultern und Gesicht der Mumie waren mit einer Maske aus poliertem Gold und Edelsteinen bedeckt.

Ein Archäologe ist: ____

____

Arbeitsblatt

Werkbereich 10: Das Grab des Tutanchamun (2)

Die Totenmaske des Tutanchamun

Arbeitsblatt
Werkbereich 11: Die Hieroglyphen (1)

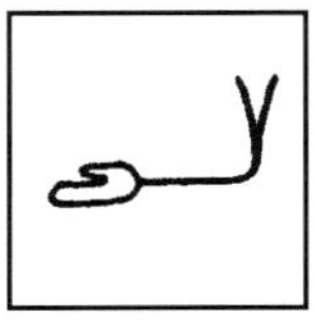
a
Arm

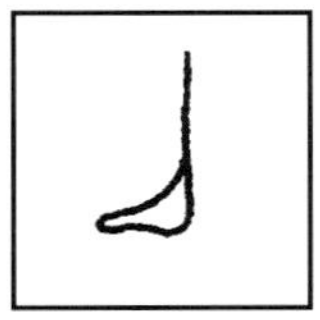
b
Bein

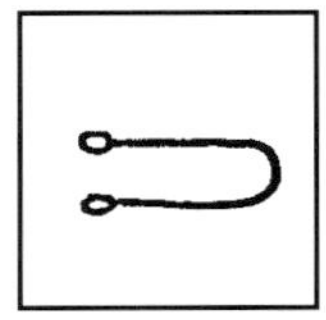
c/ch
Seil

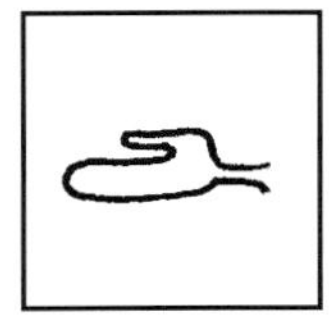
d
Hand

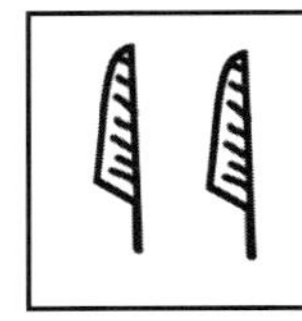
e
Feder

f
Schlange

g
Krugständer

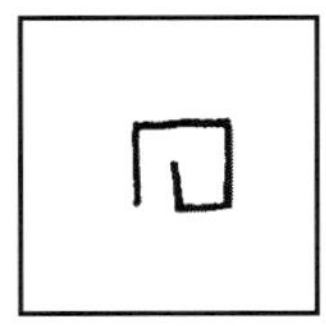
h
Hof

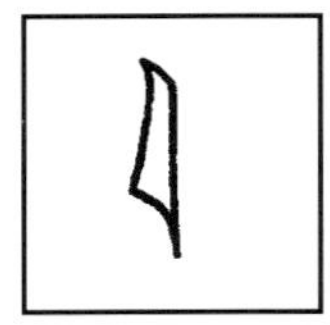
i
Schilfblatt

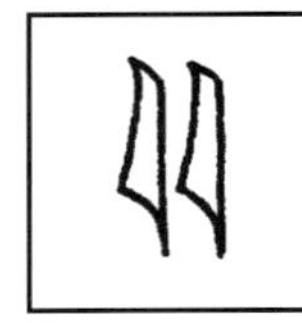
j
zwei Schilfblätter

k
Korb

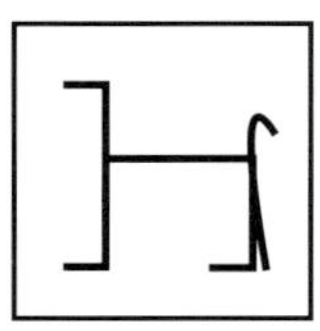
l
Löwe

m
Eule

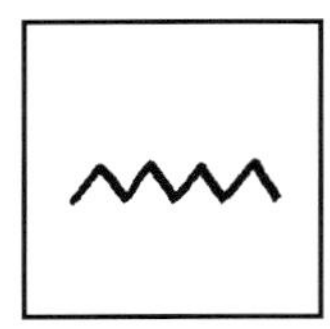
n
Wasser

o
Geier

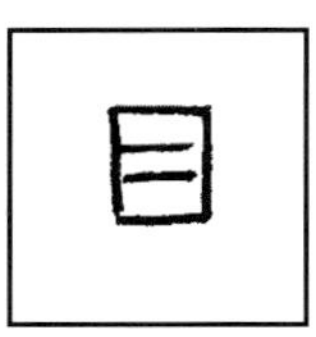
p
Hocker

q
Korb und Küken

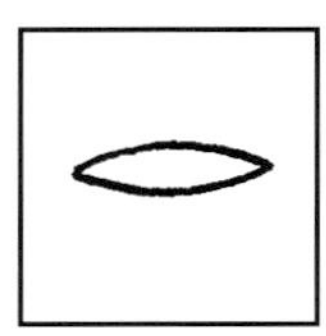
r
Mund

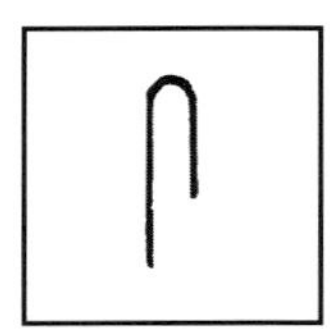
s
gefalteter Stoff

t
Brot

u
Feder und Küken

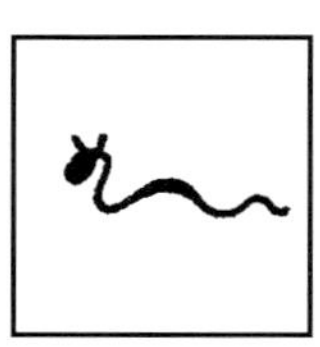
v
Schlange

w
Küken

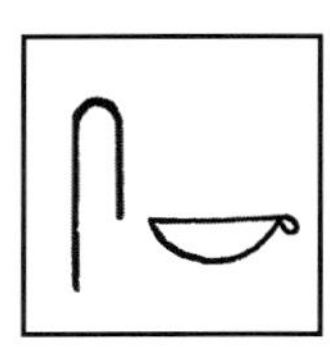
x
gefalteter Stoff
und Korb

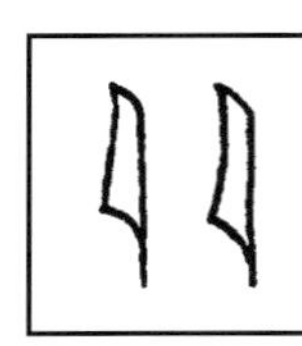
y
zwei Schilf-
blätter

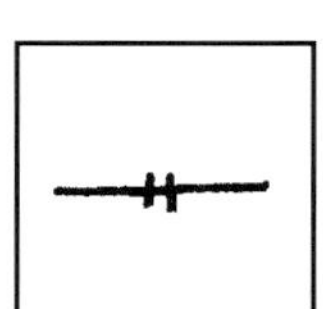
z
Riegel

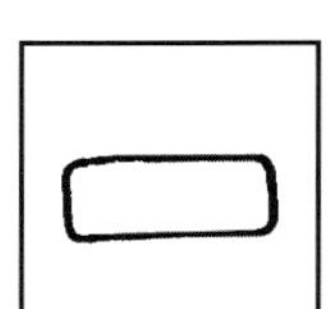
sch
Teich

BVK LW20 · Eva-Maria Schmidt: Lernwerkstatt „Das Alte Ägypten“

Arbeitsblatt

Werkbereich 11: Die Hieroglyphen (2)

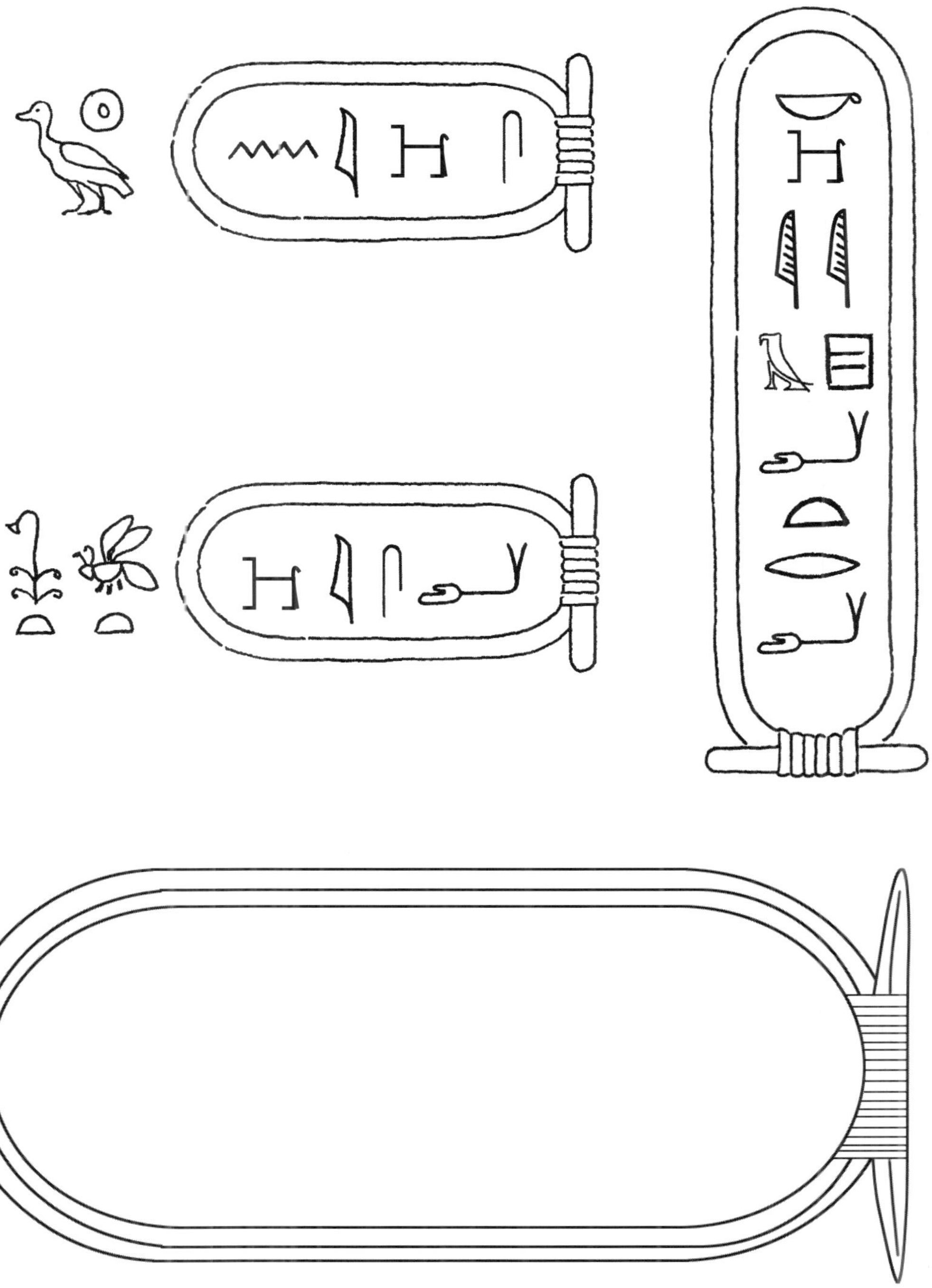

BVK LW20 · Eva-Maria Schmidt: Lernwerkstatt „Das Alte Ägypten"

Arbeitsblatt
Werkbereich 12: Ein ägyptischer Brief

Hallo, ich heiße ,

ich bin zehn Jahre alt und lebe in Ägypten, in der Nähe des Flusses .

Da es gestern sehr war, habe ich auf dem geschlafen.

Mein war so trocken, dass ich die ganze fast nur

getrunken habe.

Als ich endlich eingeschlafen war, hatte ich einen schönen .

Mutter hatte ein gebacken. Es duftete wunderbar. Unser

war riesengroß. Wir hatten viele Räume. Außerdem hatten wir

, , einen großen

und vieles mehr. Wir waren also eine

Familie. Ein schönes

Gefühl! Plötzlich wachte ich auf. Leider

war alles nur ein .

In Wirklichkeit sind wir .

BVK LW20 · Eva-Maria Schmidt: Lernwerkstatt „Das Alte Ägypten"

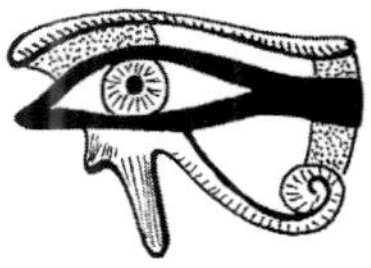

Arbeitsblatt
Werkbereich 13: Papyrus

Aus den Stängeln der Papyrusstaude wurden im Alten Ägypten viele verschiedene Gegenstände des alltäglichen Lebens hergestellt: Seile, Sandalen, Körbe und sogar Boote.
Papyrus nennt man neben der Pflanze aber auch ein Material, auf dem geschrieben werden konnte, ähnlich unserem Papier.

BVK LW20 · Eva-Maria Schmidt: Lernwerkstatt „Das Alte Ägypten"

Arbeitsblatt

Ausschneidebogen zu Werkbereich 13: Papyrus

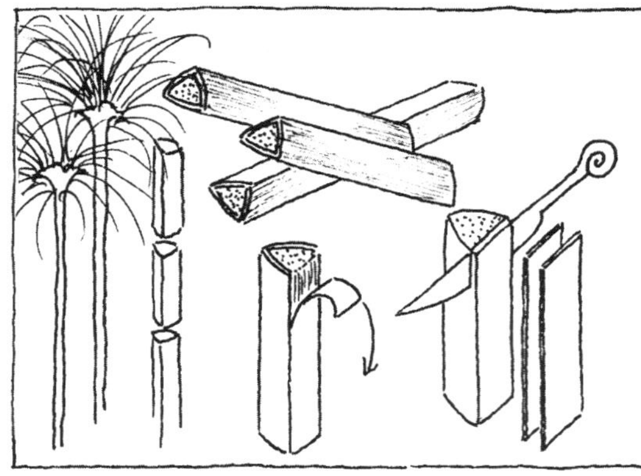

Die Stängel werden in Stücke geschnitten, geschält und der Länge nach mit einem Bronzemesser in dünne Scheiben geschnitten.

Die Scheibchen werden nun in zwei Schichten übereinandergelegt - die eine längs, die andere quer - und gründlich nassgemacht. Dann wird das Ganze zu einer Papyrusseite flachgehauen und schließlich mit einem Stein poliert.

In den Sümpfen des Nils schneiden und bündeln die Arbeiter die Stängel.

BVK LW20 · Eva-Maria Schmidt: Lernwerkstatt „Das Alte Ägypten"

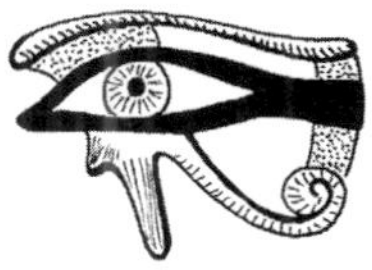

Arbeitsblatt
Werkbereich 14: Ägyptische Zahlen

Zahl	Hieroglyphe	Hieroglyphe als Bild
1	𓏺	Strich
10	𓎆	Schlinge
100	𓍢	Schiffstau
1 000	𓆼	Lotusblume
10 000	𓂭	Finger

Eine Hieroglyphe wird sooft wie nötig wiederholt, um die Zahlen z. B. von 1 bis 9 oder von 10 bis 90 darzustellen

Die Zahl 5 wurde so geschrieben: | | | | |

Die Zahl 231 wurde so geschrieben: 𓍢𓍢𓎆𓎆𓎆 |

Kannst du diese Zahlen lesen?

𓆼𓆼𓍢𓍢𓍢𓎆𓎆𓎆𓎆𓎆𓎆𓏺𓏺 = ____________

𓍢𓍢𓍢𓍢𓎆𓎆𓎆𓎆𓎆𓏺𓏺𓏺𓏺𓏺𓏺𓏺 = ____________

𓂭𓂭𓆼𓆼𓆼𓍢𓍢𓍢𓍢𓍢𓍢𓏺𓏺𓏺 = ____________

Ordne diese Hieroglyphen den Zahlen richtig zu.
Verbinde mit Strichen!

43700	𓍢𓎆𓎆𓏺𓏺𓏺𓏺𓏺𓏺𓏺
207	𓍢𓎆𓎆𓎆𓎆𓎆𓎆𓏺𓏺𓏺
1400	𓂭𓂭𓂭𓂭𓆼𓆼𓆼𓍢𓍢𓍢𓍢𓍢𓍢𓍢
163	𓍢𓍢𓏺𓏺𓏺𓏺𓏺𓏺𓏺
127	𓆼𓍢𓍢𓍢𓍢

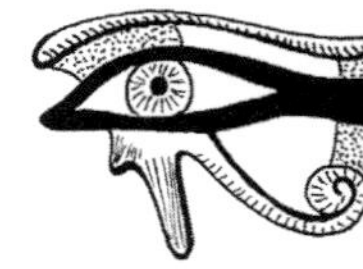

Arbeitsblatt
Werkbereich 15: Eine Zeitleiste

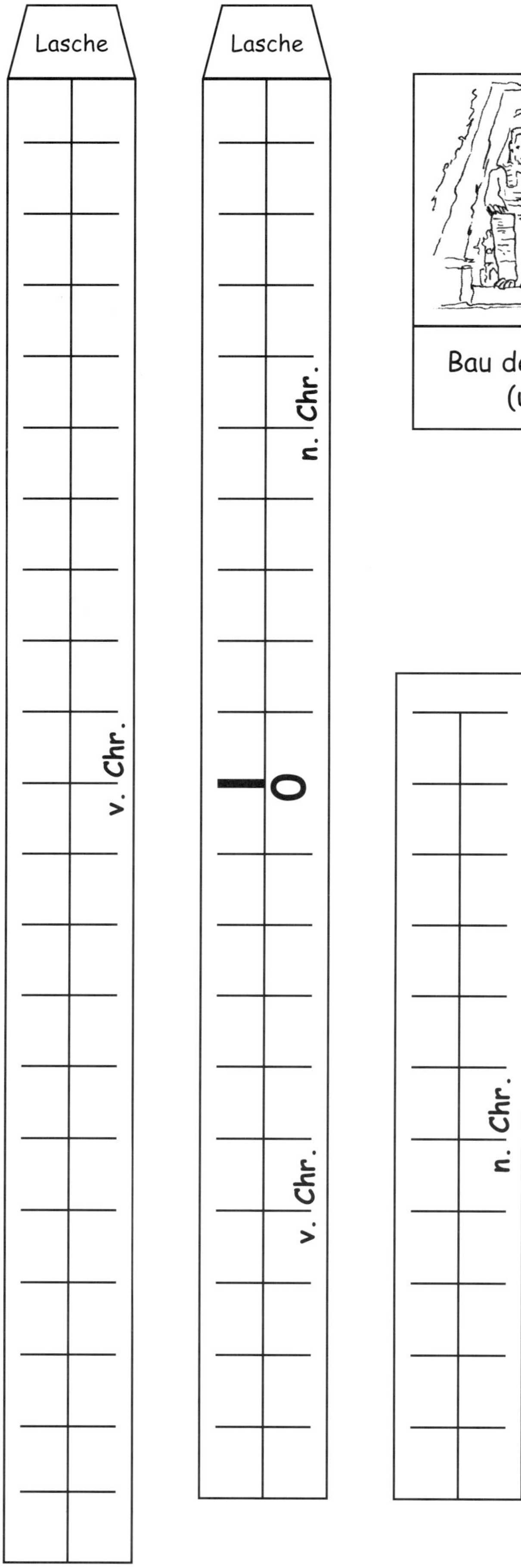

Bau des Tempels bei Abu Simbel
(ungefähr 1250 v. Chr.)

Bau der Pyramiden bei Gizeh
(ungefähr 2500 v. Chr.)

Kleopatra
(ungefähr
50 v. Chr.)

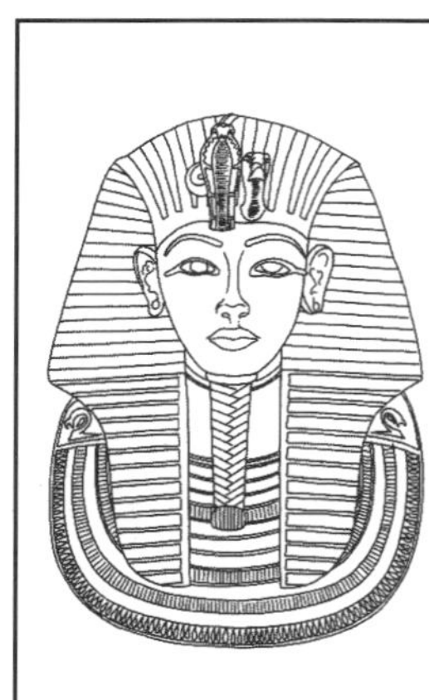

Totenmaske
von
Tutanchamun
(ungefähr
1350 v. Chr.)

BVK LW20 · Eva-Maria Schmidt: Lernwerkstatt „Das Alte Ägypten"

Arbeitsblatt
Werkbereich 16: Götter und Göttinnen

Die Alten Ägypter verehrten Hunderte verschiedener Götter. In den Häusern stellten sie Statuen ihrer Hauptgötter auf, die der Familie Glück bringen sollten.

Für jeden wichtigen Gott war ein Tempel errichtet worden. Gewöhnliche Menschen durften das Tempelinnere aber nicht betreten. Sie mussten ihre Gebete und Bitten einem Priester mitteilen, der diese Botschaften an die Götter weiterleitete.

Horusfalke

Horus

Osiris

Die meisten Götter wurden in Tiergestalten dargestellt, häufig waren es auch menschliche Figuren mit Tierköpfen.
Der wichtigste Gott war der Sonnengott Re, der von allen Ägyptern angebetet wurde. Er hatte die Aufgabe, den Pharao zu schützen.

Isis

BVK LW20 · Eva-Maria Schmidt: Lernwerkstatt „Das Alte Ägypten"

Arbeitsblatt
Werkbereich 17: Heilige Katzen im Alten Ägypten

Die Ägypter verdankten ihren Reichtum vor allem dem Getreide, das so gut in den fruchtbaren Ufergegenden am Nil wuchs. Die Menschen bauten große Speicherhäuser, in denen sie das Getreide lagerten. So konnten sie das Getreide das ganze Jahr über als Tauschmittel benutzen, denn Geld gab es noch nicht.

Aber wo Getreide ist, da gibt es auch Mäuse und die gab es auch schon früher in Ägypten. Sie hätten sich an den großen Kornvorräten bestimmt dick und fett gefressen, wenn da nicht auch die Katzen gewesen wären.

Sie beschützten die Ägypter vor Mäuseplagen. So verdankten die Ägypter ihren Reichtum auch den Katzen. Sie wurden deshalb im Alten Ägypten verehrt und zu heiligen Tieren ernannt. Niemand durfte ihnen etwas antun, er wäre sonst mit dem Tod bestraft worden.

War eine Katze gestorben, wurde sie genau wie tote Menschen einbalsamiert. Forscher fanden bei Ausgrabungen in der Nähe von Kairo sogar einen Katzenfriedhof mit tausenden von Katzenmumien, die in kleinen Särgen beigesetzt waren.

BVK LW20 · Eva-Maria Schmidt: Lernwerkstatt „Das Alte Ägypten"

Arbeitsblatt

Ausschneidebogen zu Werkbereich 18: Kleidung und Schmuck (1)

Eine vornehme Dame (1)

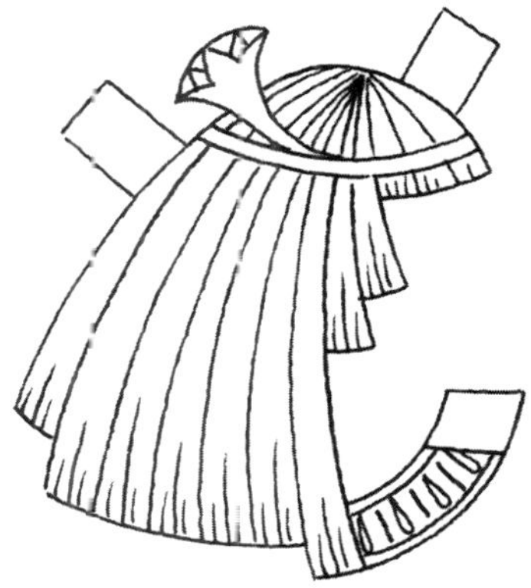

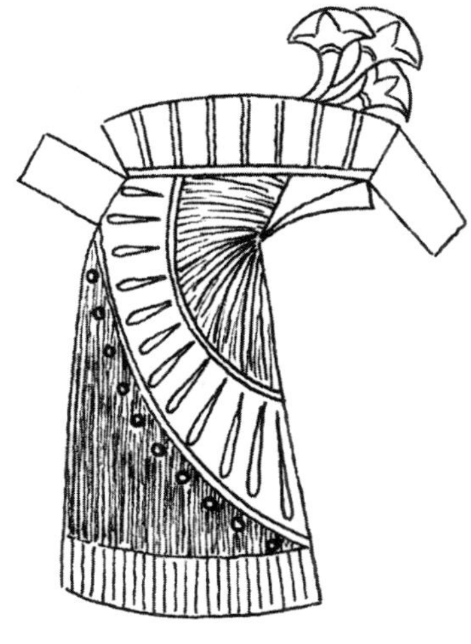

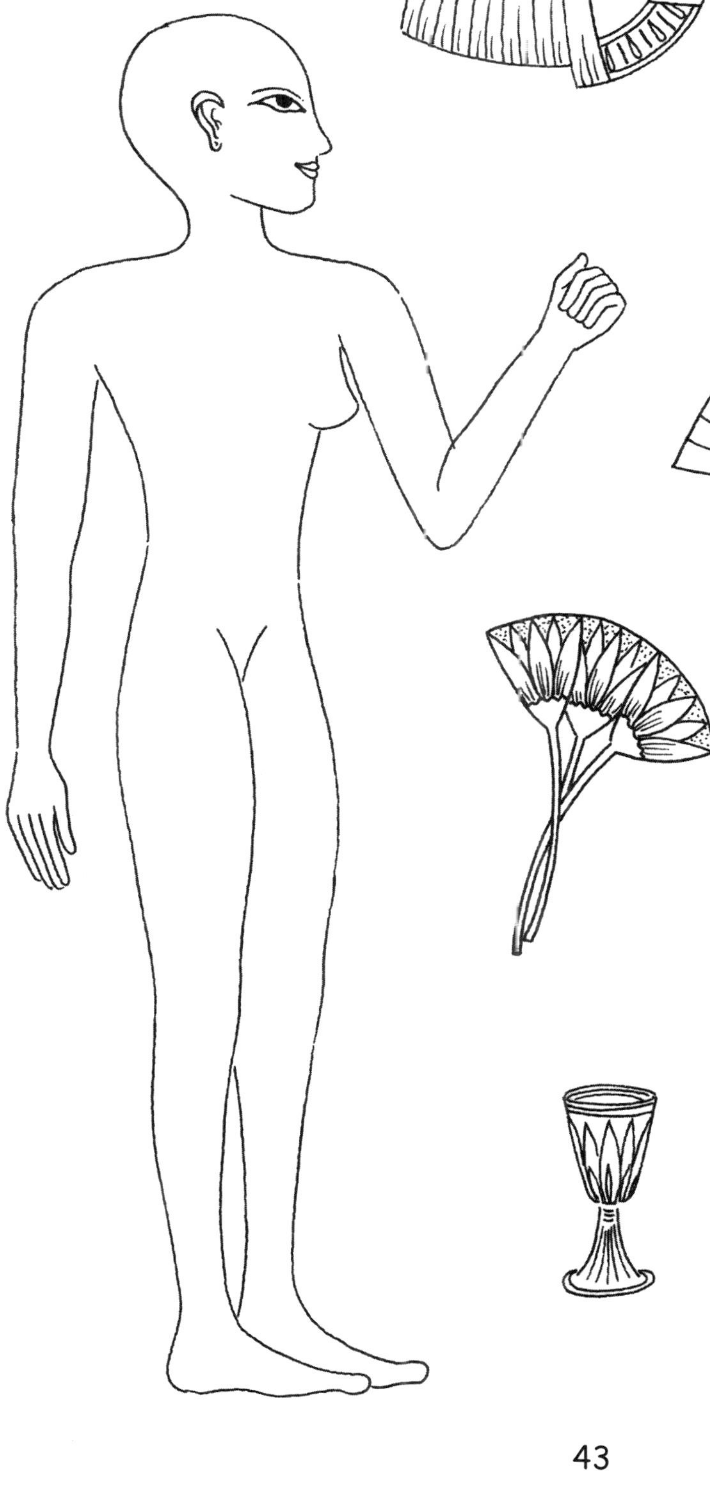

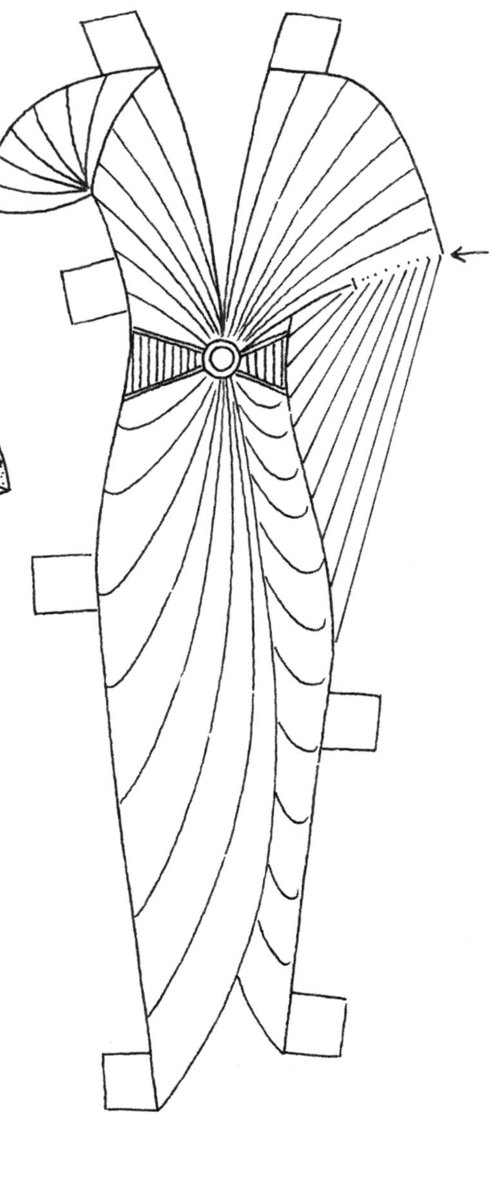

BVK LW20 · Eva-Maria Schmidt: Lernwerkstatt „Das Alte Ägypten"

Arbeitsblatt
Ausschneidebogen zu Werkbereich 18: Kleidung und Schmuck (2)

Eine vornehme Dame (2)

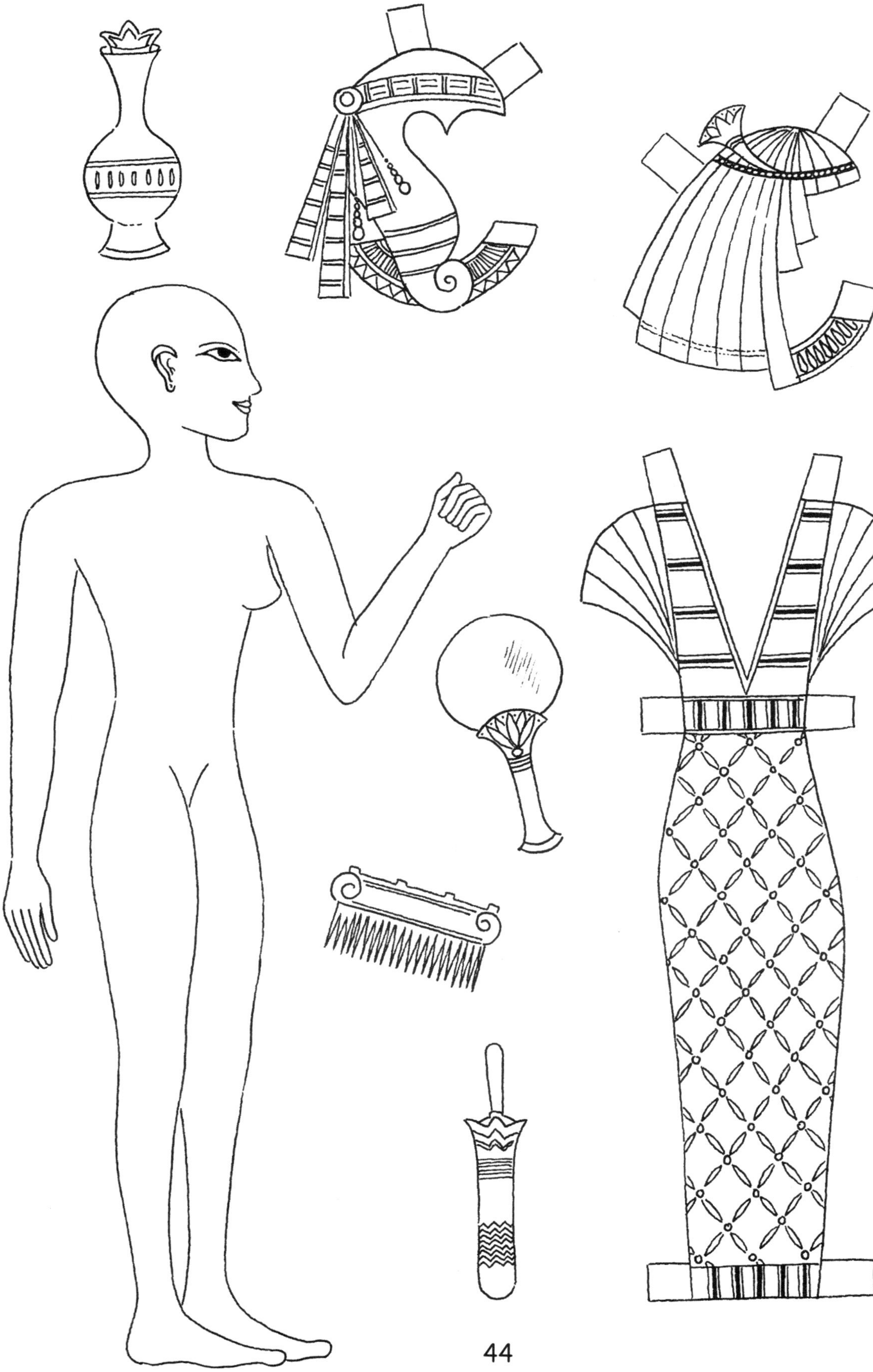

BVK LW20 · Eva-Maria Schmidt: Lernwerkstatt „Das Alte Ägypten"

Arbeitsblatt

Ausschneidebogen zu Werkbereich 18: Kleidung und Schmuck (3)

Ein König in Kriegsbekleidung

Diese Bänder legte der König
an Arm- und Fußgelenken an.

BVK LW20 · Eva-Maria Schmidt: Lernwerkstatt „Das Alte Ägypten“

Arbeitsblatt

Ausschneidebogen zu Werkbereich 18: Kleidung und Schmuck (4)

Ein König

BVK LW20 · Eva-Maria Schmidt: Lernwerkstatt „Das Alte Ägypten"

Arbeitsblatt

Ausschneidebogen zu Werkbereich 18: Kleidung und Schmuck (5)

Ein Priester

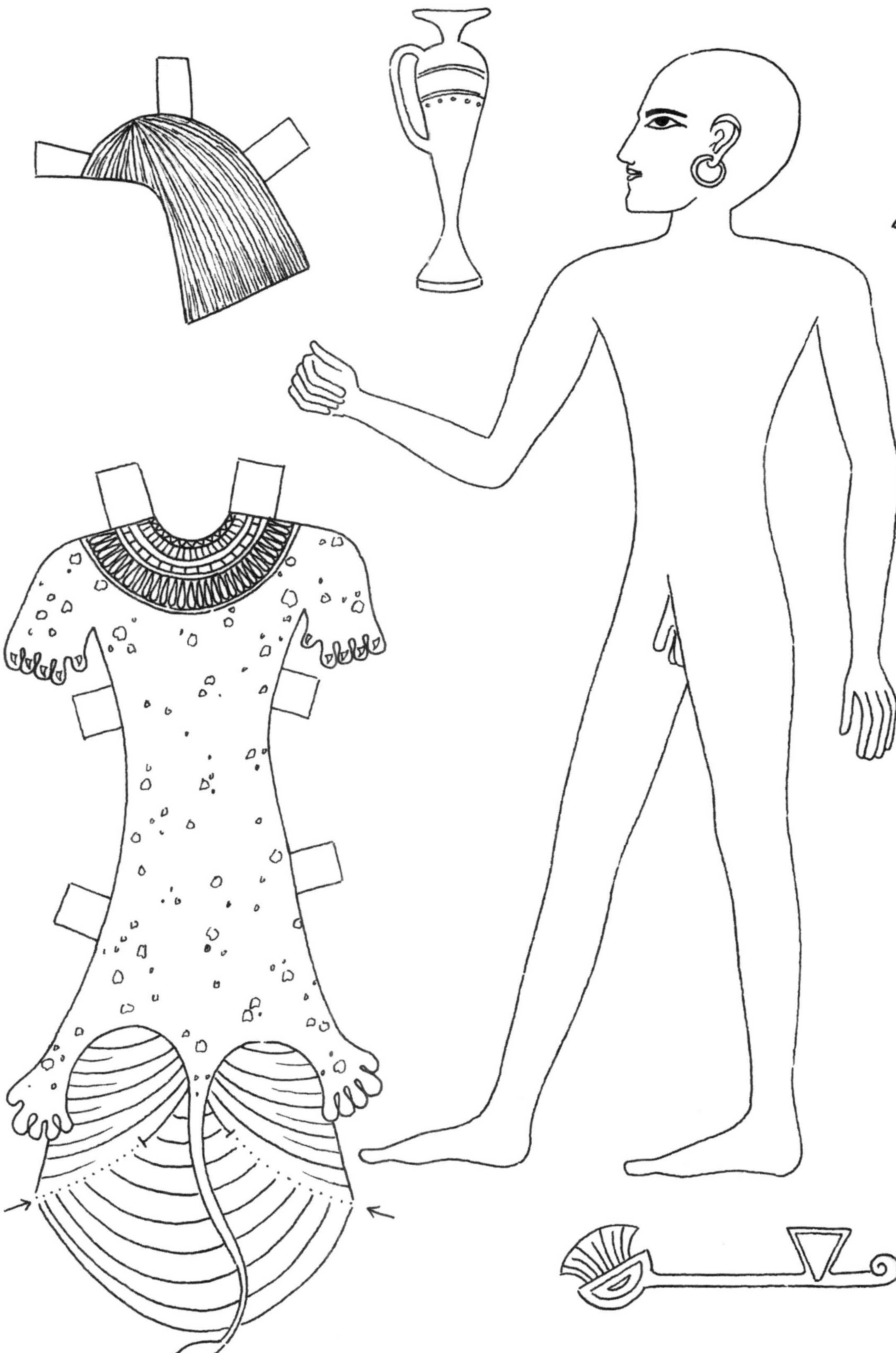

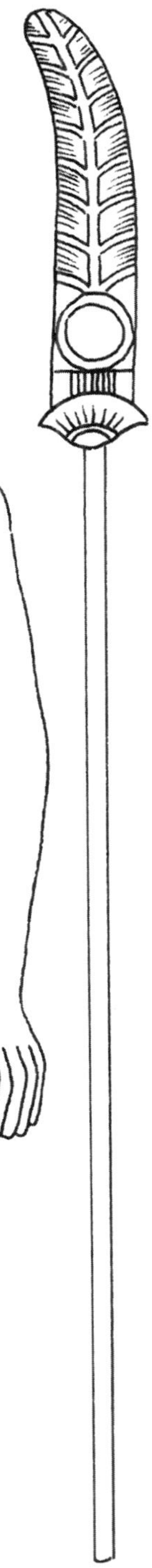

BVK LW20 · Eva-Maria Schmidt: Lernwerkstatt „Das Alte Ägypten"

Arbeitsblatt

Werkbereich 19: Das Handwerk

BVK LW20 · Eva-Maria Schmidt: Lernwerkstatt „Das Alte Ägypten"

Arbeitsblatt
Werkbereich 20: Die Arbeit auf dem Lande

Das Alte Ägypten war ein reiches Land, weil die fruchtbaren Böden entlang des Nilufers gute Ernten hervorbrachten.
Die Hälfte aller Ernteerträge mussten die Bauern an die Beamten des Pharaos als Steuern bezahlen. So schufen die Bauern den eigentlichen Wohlstand des Landes, obwohl sie selbst häufig in Armut lebten.

Das Land eines jeden Bauern war mit Grenzsteinen markiert, die auch während der Nilüberschwemmung nicht weggespült werden konnten. Die Landarbeit begann, wenn die Nilflut zurückging.
Die Bewässerungskanäle mussten repariert werden.
Die Felder wurden mit Holzpflügen, die von Rindern gezogen wurden, gepflügt und bestellt.

Zu den wichtigsten Anbaupflanzen gehörten Weizen und Gerste, aus denen Brot und Bier hergestellt wurden. Die Ägypter pflanzten aber auch Obst und Gemüse an, sie hielten Nutztiere wie Rinder, Schafe, Ziegen und Geflügel.

Arbeitsblatt

Werkbereich 20:
Die Arbeit auf dem Lande (Fragen)

1. Warum war das Alte Ägypten ein reiches Land? ______________________________

____

____

2. Was mussten die Bauern als Steuern bezahlen? ______________________________

____

3. Womit waren die Grundstücke der Bauern markiert? ___________________________

____

4. Wann begann die Landarbeit? ____

____

5. Welche Arbeiten mussten erledigt werden? _________________________________

____

____

6. Was bauten die Bauern im Alten Ägypten hauptsächlich an? ___________________

____

7. Welche Tiere hielten sie als Nutztiere? ____________________________________

____

BVK LW20 · Eva-Maria Schmidt: Lernwerkstatt „Das Alte Ägypten"

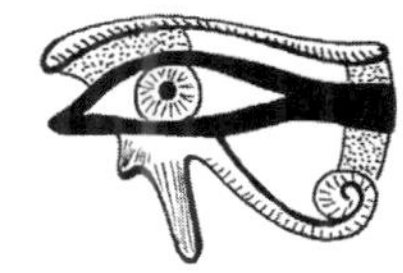

Arbeitsblatt
Werkbereich 21: Essen und Trinken

Die Ägypter liebten gute Speisen und Getränke. Die meisten Menschen tranken Bier, das aus Gerste gebraut wurde. Die Reichen bevorzugten Wein. Wasser war als Getränk völlig unbekannt.
Die Menschen ernährten sich hauptsächlich von Brot, Gemüse, Obst und Fisch. Zu einem Festessen gehörten auch Fleischgerichte von Rind, Lamm, Ziege und Geflügel.

Die Ägypter kannten schon viele verschiedene Brotsorten.
Nach diesem Rezept kannst du ein Früchtebrot backen, wie es schon die Alten Ägypter kannten.

Du benötigst:
- 400 g Weizen-Vollkornmehl
- 225 ml Wasser
- eine Prise Salz
- eine Handvoll Datteln
- etwas Fett für die Backform

Zunächst mischst du Wasser und Mehl mit dem Handmixer (Knethaken) in einer Rührschüssel. Dann fügst du Salz hinzu und mischst alles noch einmal gut durch. Jetzt hackst du die Datteln klein und gibst sie auch hinzu – dazu kannst du den Teig und die Datteln am besten mit den (sauberen!) Händen verkneten.
Nun füllst du alles in eine gefettete Backform und lässt es einige Stunden ruhen. Schließlich wird das Brot im vorgeheizten Backofen bei 180 °C ungefähr $^1/_2$ Stunde gebacken.

Guten Appetit!

BVK LW20 · Eva-Maria Schmidt: Lernwerkstatt „Das Alte Ägypten"

Arbeitsblatt
Werkbereich 22: Die Kinder im Alten Ägypten

Eine Schule wurde von den Kindern nicht besucht. Nur wenige Menschen in Ägypten konnten lesen und schreiben; Schreiber war ein eigener Beruf und gehörte nicht zur allgemeinen Bildung. Jungen, die später Schreiber werden sollten, gingen in die Schreibschulen. Dort ging es sehr streng zu, häufig wurden die Kinder geschlagen!

Die meisten Kinder lernten von ihren Eltern, was sie für ihr Leben können mussten. Die Jungen halfen ihren Vätern in dessen Beruf, die Mädchen lernten von ihren Müttern die Hausarbeit und Kinderpflege.
Ihre Freizeit verbrachten die Kinder mit Haustieren und Spielzeug. Sie hielten sich Äffchen, Hunde, Katzen und Vögel.
Die ägyptischen Kinder hatten eigenes Spielzeug, wie ihr heute auch. Es gab schon Puppen mit beweglichen Armen und Beinen, Puppenstuben, Hampelmänner, Modellboote und Holztiere. Häufig bastelten die Kinder ihr Spielzeug selbst, aber es gab auch schon richtige „Spielzeugmacher“.

Draußen spielten die Kinder mit Bällen oder liefen um die Wette.
Die Jungen liefen dabei auf ihren Knien, wobei sie die Füße mit den Händen festhalten mussten.
Die Mädchen kannten ein besonderes Spiel mit Bällen: Einige Kinder waren „Pferde“, andere die „Reiter“ auf dem Rücken der Pferde. Die Reiter warfen sich Bälle zu; konnte einer den zugeworfenen Ball nicht fangen, wurde er Pferd und das bisherige Pferd wurde Reiter.

Probiert die Spiele doch auch einmal aus!

Arbeitsblatt

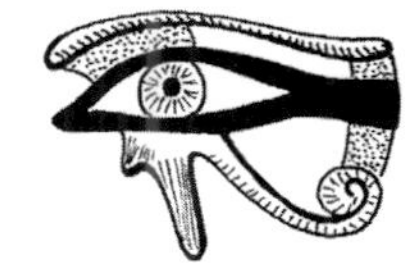

Werkbereich:

BVK LW20 · Eva-Maria Schmidt: Lernwerkstatt „Das Alte Ägypten“

Lösungen

zu Werkbereich 1, Seite 19: Ägypten-Wörterbuch basteln

Ägypten = Land in Nordafrika
Archäologe = Altertumsforscher; führt Ausgrabungen durch
Bildhauer = bauten im Alten Ägypten Tempel und Statuen
Cheops = Pharao im Alten Ägypten; ließ eine riesige Pyramide bauen
Gerber = stellt aus Tierhäuten Leder und Lederwaren her
Götter = im Alten Ägypten wurden viele verehrt
Hieroglyphen = Schriftzeichen
Katzen = wurden als heilige Tiere verehrt
Mumie = einbalsamierter, toter Körper
Nil = Fluss durch Ägypten
Papyrus = Pflanze und gleichnamiges Schreibmaterial
Pharao = König im Alten Ägypten
Pyramide = riesiges Grabmal für den König
Sarkophag = Steinsarg, der weitere Särge und eine Mumie enthielt
Schiffbauer = Handwerker, der Schiffe aus Holz oder Papyrus baute
Schreiber = Gelehrter, der Hieroglyphen lesen und schreiben konnte
Sphinx = Darstellung eines liegenden Löwenkörpers mit Menschenkopf
Töpfer = Handwerker, der aus Ton Krüge herstellt

zu Werkbereich 2: Schau im Lexikon nach

Bereits vor mehr als 3000 Jahren war das am nordafrikanischen Fluss Nil gelegene Ägypten ein mächtiges, blühendes Reich.
Die Ägypter entwickelten schon früh eine eigene Schrift und die als gottähnliche Könige verehrten Pharaonen ließen riesige Grabanlagen bauen, die Pyramiden. Heute ist Ägypten ein modernes arabisches Land.

zu Werkbereich 3, Seite 20: Wo liegt Ägypten?

Ägypten liegt im Norden von Afrika.

zu Werkbereich 4, Seite 21: Das Land am Nil

1. Der längste Fluss der Erde ist der Nil.
2. Der Nil ist 6 671 km lang.
3. Auf den Feldern wurden Getreide, Gemüse und Früchte angebaut.
4. Die Überschwemmung begann im Juli.
5. Der Nil führte so viel Wasser, weil im Sommer auf den hohen Bergen Zentralafrikas der Schnee schmolz.
6. Die Zeit der Überschwemmung endete im Oktober.
7. Auf den Feldern blieb eine dicke Schicht fruchtbaren, schwarzen Schlamms zurück.
8. Die Ernte wurde von März bis Mai eingebracht.
9. Der Nil überschwemmt das Land heute nicht mehr, weil 1971 ein riesiger Staudamm gebaut wurde, der das Wasser auffängt und während des ganzen Jahres so abgibt, wie es zur Bewässerung der Felder benötigt wird.

BVK LW20 · Eva-Maria Schmidt: Lernwerkstatt „Das Alte Ägypten"

Lösungen

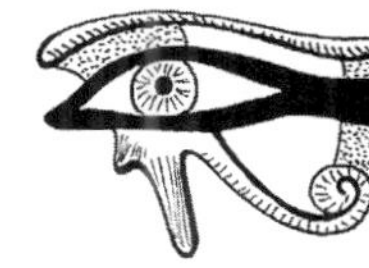

zu Werkbereich 6, Seite 24: Die Cheopspyramide

1. Gang	4. unvollendete Grabkammer	7. Königskammer
2. Gang	5. unvollendete Grabkammer	8. Luftschacht
3. Gang	6. große Galerie	9. Luftschacht

zu Werkbereich 12, Seite 36: Ein ägyptischer Brief

Hallo, ich heiße **Tori,**

ich bin zehn Jahre alt und lebe in Ägypten, in der Nähe des Flusses **Nil.** Da es gestern sehr **heiß** war, habe ich auf dem **Dach** geschlafen. Mein **Mund** war so trocken, dass ich die ganze **Nacht** fast nur **Wasser** getrunken habe.

Als ich endlich eingeschlafen war, hatte ich einen schönen **Traum.** Mutter hatte ein **Brot** gebacken. Es duftete wunderbar. Unser **Haus** war riesengroß. Wir hatten viele Räume. Außerdem hatten wir **Kühe, Pferde,** einen großen **Garten** und vieles mehr. Wir waren also eine **reiche** Familie. Ein schönes Gefühl! Plötzlich wachte ich auf. Leider war alles nur ein **Traum.** Im Wirklichkeit sind wir **arm.**

zu Werkbereich 13, Seite 37: Papyrus

1. In den Sümpfen des Nils schneiden und bündeln die Arbeiter die Halme.
2. Die Halme werden in Stücke geschnitten, geschält und der Länge nach mit einem Bronzemesser in dünne Scheiben geschnitten.
3. Die Scheibchen werden nun in zwei Schichten übereinandergelegt - die eine längs, die andere quer - und gründlich nassgemacht. Dann wird das Ganze zu einer Papyrusseite flach gehauen und schließlich mit einem Stein poliert.

zu Werkbereich 14, Seite 39: Ägyptische Zahlen

Kannst du diese Zahlen lesen? 2 362, 457, 23 603

zu Werkbereich 19, Seite 48: Das Handwerk

Töpfer arbeiteten mit Ton. Sie stellten Behälter wie Krüge und Vasen her, die zur Aufbewahrung von Gegenständen des täglichen Lebens und zur Dekoration dienten.

Schreiner stellten Holzmöbel und -statuen her. Weil am Nil nur wenige Bäume wuchsen, wurde früher schon viel Holz aus dem Libanon eingekauft.

Bildhauer schufen Statuen (Figuren) aus Stein. Meistens wurden Götter dargestellt.

Schreiber schrieben auf Papyrus genau auf, was sich im Lande ereignete. Viele Schreiber waren Beamte des Königs.

Gerber verarbeiteten Tierhäute zu Leder. Daraus wurden Sandalen, Riemen und Gürtel gefertigt.

Schiffbauer bauten Schiffe und Boote aus Holz und Papyrus.

BVK LW20 · Eva-Maria Schmidt: Lernwerkstatt „Das Alte Ägypten"

Lösungen

zu Werkbereich 20, Seite 49: Die Arbeit auf dem Lande

1. Das Alte Ägypten war ein reiches Land, weil die fruchtbaren Böden entlang des Nilufers gute Ernten hervorbrachten.
2. Die Bauern mussten die Hälfte aller Ernteerträge als Steuern bezahlen.
3. Die Grundstücke waren mit Grenzsteinen markiert.
4. Die Landarbeit begann, wenn die Nilflut zurückging.
5. Die Bewässerungskanäle wurden repariert und die Felder wurden gepflügt und bestellt.
6. Die Bauern bauten Weizen, Gerste, Obst und Gemüse an.
7. Sie hielten Rinder, Schafe, Ziegen und Geflügel.

Anregungen zur Weiterarbeit

Im Internet findet sich eine Fülle von Informationen über das Alte Ägypten. Hier nur einige spezielle Tipps für Kinder:

Neben vielen anderen Phänomenen dieser Welt wird in GEOlino auch die Zeit der Alten Ägypter beleuchtet.
www.geolino.de

Viele weitere interessante Informationen, u. a. auch über das Alte Ägypten, finden sich hier:
www.blinde-kuh.de/egypten
www.papyrusversand.de

BVK LW20 · Eva-Maria Schmidt: Lernwerkstatt „Das Alte Ägypten"